U0832122

谁在守望言论

The Irony of Free Speech

〔美〕欧文• M.费斯/著 | 常云云/译
Owen M.Fiss

北京大学出版社
PEKING UNIVERSITY PRESS

献给 Brenda,Emily 与 Gina Fiss

她们的爱,方式各异

目　　录

导　言

言论自由是我们最为珍视的权利之一，但它也是充满争议的领域。在 20 世纪的大部分时间里，它是无数司法论战的主题，使得最高法院产生了尖锐的意见分歧。事实上，20 世纪 70 年代初期的“五角大楼文件案”(the *Pentagon Papers* case)是最高法院历史上最令人烦躁的事件之一。该案涉及美国司法部长与《纽约时报》《华盛顿邮报》这两份受人高度尊重的报纸之间的争议，同时也令大法官们彼此争论不休。在由 1921 年审判萨柯和万泽蒂(Sacco and Vanzetti)至 20 世纪 50 年代反共十字军运动所构成的背景下，言论自由也一直在政界、大学校园甚至是餐桌旁引起了激烈的争论。

对于一些观察者来说，目前有关言论自由的论战或许并不值得特别关注，甚至还可能有些让人厌倦。我们现在关注的是像仇恨言论和竞选捐款这样的话题，而不再是颠覆与所谓的共产主义威胁。议题或许已经有了
1 变化，然而它们引发的分歧与激情却又为人们所熟识。我相信，那种把今天有关言论自由的论战看成老调重弹的观点是错误的。一些更为深刻和重要的事情正在发生。这提请、甚至是要求我们去重新审视现代国家的本质，并探究国家是否在保护我们最基本的自由方面具有重要性。

以往的论辩预设了政府是自由的天敌的观点。正是政府试图让个体发言者沉默，也正是政府不得不受到制约。这一观点极富洞见，但也只说出了一半的真相。政府确实可能是压制者，但它也可能是自由的源泉。通过考察如今出现在报刊上的各种各样有关言论自由的论战，包括仇恨言论、淫秽作品、竞选捐款、对艺术的公

共资助，以及获取大众传媒便利条件的努力，我将试图解释为什么有关国家的传统假设具有误导性，以及政府如何可能成为自由的朋友而非敌人。

这个令某些人不安的观点基于几个前提。一是权力的私有化集中对我们的自由造成巨大影响，有时需要政府来抵制这些势力。更为根本的是，这个观点依据有关第一修正案及其保障言论自由的一种理论，它强调社会的而非个人主义的价值。提请国家予以培育的自由是一种公共自由。尽管有人把第一修正案看做是对自我表达的个体利益的保护，然而一种更为可信的理论却把它视为对人民主权的保障。该理论最先由亚历山大·米克尔约翰（Alexander Meiklejohn）[1]予以阐述，而今已获得从罗伯特·博克（Robert H. Bork）[2]到威廉·布伦南（William Brennan）[3]等政界人士的广泛接受。 2
第一修正案的意图在于拓展公共讨论，使得普通公民知晓摆在面前的问题和出于各种立场的观点，以便他们充分、自由地追求其目标。这样就区分出自由主义的与民主的言论理论,正是后者促使我探究国家能够增强我们自由的各种方式。

认为第一修正案是保护自我表达的自由主义观点,诉诸支配了大众文化与政治文化的个人主义风气。言论自由被看成与信仰自由相类似,后者同样被第一修正案所保护。但这一理论无法解释,当利益相互冲突时,为什么发言者的利益就应当优先于那些在言论中被讨论的个体的利益,或者优先于那些必须听从这种言论的人的利益。这一理论也无法解释,为何言论自由的权利应该被赋予许多的机构和组织,诸如哥伦比亚广播公司、全国有色人种协进会、美国公民自由联盟、波士顿第一国家银行、太平洋煤气与电力公司、特纳广播公司,以及海外战役退伍军人协会。尽管存在这一事实,即这些机构和组织并不直接代表自我表达方面的个体利益,然而它们却根据第一修正案受到了常规性保护。言论在宪法中被赋予如此重要的价值,我认为并非由于它是自我表达或自我实现的一种方式,而在于它是集体性自决的要素。民主允许人们去选择他们所希望的生活方式,也意味着该选择是建基于公共辩论之上——借用布伦南大法官如今著名的惯用语来说,公共辩论是“不受禁止、充满活力和完全开放的”。[4]

在某些情形中,国家机器会试图压制自由和公开的
辩论,而第一修正案就是阻止或防范此类国家权力滥用
的可靠机制。但在另外一些情形中,如果政府之外的势 3
力在压制言论,那么政府可能不得不采取行动以增强公共辩论的活力。国家可能不得不分配公共资源——分发扩音器——给一些人,否则在公共领域就不会听到他们的声音。而为了能够听到其他人的声音,国家甚至可能不得不压制一些人。有时情况就是别无其他选择。本书的任务是要探讨,以上运用国家权力进行分配和管制的行为何时是必要的,这些行为又如何可能与第一修

4 正案相一致,甚至是由它来提供支持的。

---

[1] See Alexander Meiklejohn, *Political Freedom: The constitutional Power of the People* (New York: Harper, 1960; repr. Westport, Conn.: Greenwood Press, 1979); "The First Amendment Is an Absolute," *Supreme Court Review* (1961):245-266. See also Harry Kalven, Jr., "The New York Time Case: A Note on 'The Central Meaning of the First Amendment,'" *Supreme Court Review* (1964):191-222.

[2] Robert H. Bork, "Neutral Principles and Some First Amendment Problems," *Indiana Law Journal* 47(1971):1-35.

[3] William J. Brennan, Jr., "The Supreme Court and the Meiklejohn Interpretation of the First Amendment," *Harvard Law Review* 79(1965):1-20;另见大法官布伦南的评论"Address," *Rutgers Law Review* 32(1979):173-183.对于第一修正案各种理论的讨论,参见 Lee C. Bollinger, "Free Speech and Intellectual Values," *Yale Law Journal* 92(1983):438-473; Own M. Fiss,

"Why the State?" in *Liberalism Divided* (Boulder: Westview, 1996) ; Paul G. Stern, "A Pluralistic Reading of the First Amendment and Its Relation to Public Discourse," *Yale Law Journal* 99 (1990):925-944。

[4] *New York Times Co. v. Sullivan*, 376 U. S. 254, 270 (1964).

第一章

言论的默化效应

第一修正案具有近乎权威的简洁性，它往往被视作古典自由主义主张限制国家权力的完美典范。它规定，“国会不得立法……限制言论自由或出版自由”。最高法院并没有把这一条款解释为绝对禁止国家管制言论，而是以法令的性质对国家的权威设定严格的界限。

这一界限的确切位置随着时代的变化、最高法院的变化，甚至是大法官的变化而变化，但总是反映出对互相冲突的两种利益的平衡——自由表达的价值与政府为支持管制而推进的利益（所谓的对抗价值）。有时通过公布应当服从管制的言论种类来协调互为冲突的利益。例如，政府被允许管制“挑衅性言论”而非“理念的

一般性倡导”。在其他情形中，最高法院致力于更为开放和明晰的平衡过程，以权衡国家利益与言论自由利益 5
之间的对抗。准许对重大国家利益构成“明显且即刻的危险”的言论进行压制的规则，或许是这一平衡方式的最好例子。在任何情形下，最高法院都试图兼顾价值与对抗价值，寻求它们之间的协调。这一协调有时较为成功，而有时则相对艰难。

在尽力引导最高法院进行协调的过程中，小哈里·卡尔文（Harry Kalven, Jr.）——这位我眼中的第一修正案领域的现代首席学者——曾恳请最高法院牢记，言论自由并非是“奢侈的公民自由”[1]。他曾以更加诙谐的语气表达同样的意见：“向对抗价值致敬。”[2]卡尔文是自由价值的热心辩护者，总是赞成对政府予以限制。然而他认为，最高法院在决心保护言论时不应以任何方式使得国家利益变得无足轻重。言论最终很可能会胜出，也确实应当胜出。但卡尔文坚持主张，这种胜利不应发生在最高法院对政府试图完成的目标进行同情性听证之前。最高法院必须在一开始就顾及国家利益,并将其视为完全应当受到尊重。

20 世纪 60 年代是美国法不同寻常的时期,也是它所能达到的全部成就的光荣标志。这十年以种族平等的推进和刑事令状的改革著称,但它同样以言论自由的几次突出胜利而为人所铭记。当卡尔文在《一种可敬的传统》一书中,把第一修正案的法律原则在 20 世纪的发展称赞为法律洁身自好的典范时,他尤其指涉的是 20 世纪 60 年代沃伦法院有关言论自由的判决。尽管我赞同对这一时期的这种解读,但我还是不禁要怀疑,这个年代有关言论自由的判决是否公平考验了卡尔文的信
6 念——即便最高法院尊重对抗价值,言论自由也会胜出。

以最高法院反复重申愿意保护南方民权运动中的抗议行为为例。[3] 在那些案例中,南方各州为其限制自

由言论进行辩护的理由是试图维持秩序。最高法院带着某种程度的严肃性聆听了其答辩理由,但鉴于各州以维持秩序为名而推行种族政策,该理由遭到驳斥。秩序不仅仅意味着秩序,而是维持种族隔离的秩序。接着,在 1965 年洛杉矶瓦茨骚乱(Watts riots)和黑人权力运动兴起之后的几年里,对秩序的诉讼请求变得多少不同于维持种族隔离的计划方案。在这样的背景下,对抗价值也即秩序,能被更具同情地加以考量,但却冒着自由言论不会胜出的风险。例如,在“沃克诉伯明翰市案”(*Walker v. City of Birmingham*)中,多数大法官赞成援引刑事藐视,来惩处马丁·路德·金博士及其追随者通过游行抵抗一项限制性法令的举动,尽管州法院并没有给予他基于自由言论的理由抨击那项法令的足够机会。[4] 此案在 1963 年被提起,而大法官们却在 1967 年大为不同的境遇中言明立场的,并受到那时他们所目睹的事件的引导。

事实上,在沃伦法院有关第一修正案的大多数诉讼案件中,政府提出的对抗价值既不具有特别的吸引力,也不具有不可抗拒的说服力。因此最高法院支持自由言论的判决受到广泛的支持。这类里程碑式的案例有1964年"《纽约时报》诉沙利文案"(*New York Times v. Sullivan*),1969年"布兰登伯格诉俄亥俄州案"(*Brandenburg v. Ohio*),以及1971年"五角大楼文件案"——
7 如果它能算在沃伦法院管辖范围内的话。就像早期民权抗议案件一样,这些判决的确是自由言论的重大胜利,因为相反的结论将严重阻碍自由事业的发展。然而,我们同时应当承认,这些案例并不是对卡尔文持有的自由言论必胜信念的真实考验。

在"《纽约时报》诉沙利文案"中,最高法院限制了政府维护其名誉的权力范围。但事实上,处于危险境地的只是公职人员个体的名誉利益。在最高法院看来,公职人员一旦卷入政治冲突,他们就有必要对其名誉承担特定风险。[5]在“布兰登伯格诉俄亥俄州案”中，最高法院支持了非法行为的主张并收紧了“明显且即刻危险”的尺度标准。这是在完全没有出现实际危险的情况下作出的裁决。[6]该案涉及三K党的外围成员在俄亥俄州一个偏僻农场的集会。在“五角大楼文件案”中，最高法院拒绝给予司法部长所请求的一项禁令，该禁令被用来阻止发表一份据称将威胁到国家安全的国防部文件。[7]令卡尔文惊讶的是，即便当时国家处于战争期间，法院还是发布了这项判决。[8]当然，司法部长所声称的国家安全的理由并没有初看上去那么具有说服力，虽然涉及机密文件且被定级为“绝密”，但事实上它不过是一份有关截至1968年国家卷入越南战争的历史研究。更何况，这场战争在许多地区都不受欢迎，该项研究的主要内容在最高法院审理此案时也已经广为流传。尽管最高法院明确拒绝给予政府以阻止该文件发表的禁令，但多数大法官清楚地表明，政府可以通过运用刑法来保护处于机密中的合法利益。

如今的境况大为不同。有关自由言论的三个问题——仇恨言论、淫秽作品和竞选捐款，支配了今天的
8 公共辩论领域。这些问题分裂、甚至是瓦解了自由主义的共识，因为政府对此提出的对抗价值具有非同寻常的必要性的特质。对于卡尔文持有的自由言论战胜对抗价值的信念而言，当代的问题才是更为真实的考验。

"布朗诉教育委员会案"（*Brown v. Board of Education*）[9]和随后发生的转变，以一种最为果断的方式重塑了美国的宪政秩序和它的指导性政治哲学。19 世纪的自由主义是以个体自由的诉求来界定，并导致对有限政府的明确要求。而今天的自由主义既包含自由价值也包括平等价值。此外，当代的自由主义承认国家在保障平等、有时甚至是在保障自由方面所可能发挥的作用。无可否认，"罗伊诉韦德案"（*Roe v. Wade*）[10]和它对堕胎定罪的谴责，已经向个体自由的诉求注入新的活力。

但我坚持认为，这并未对排除平等价值有任何新的意味。事实上，正如大多数评论家和许多法官现在所承认的那样，除非考虑到平等价值以及堕胎定罪对妇女社会地位的影响，否则“罗伊诉韦德案”就无法作为宪法理论得到充分的解释。[11]

这样的宪政秩序和自由主义自身的转变并不只是最高法院独自推动的结果。在 20 世纪 60 年代，政府所有部门协调各自的力量，举措不凡，诸如 1964 年《民权法案》、1965 年《选举权法案》以及 1968 年《民权法案》等应运而生。[12]在随后的几十年间，由于最高法院和总统转向右翼，国会便担当起领导角色。[13]即便在里根和布什执政期间，趋向平等待遇的冲力依然持续，并产生了 1982 年《选举权法案》、1990 年《残疾人法案》以及 9
1991 年《民权法案》。[14]

这一系列的发展导致越来越多的人类活动领域——选举、教育、住房、就业和交通——为反歧视法所覆盖,以至于如今几乎没有哪类重要的公共活动不在它的效力范围之内。而且反歧视法的保护对象已延伸至广泛的弱势群体——种族的、宗教的和民族的少数派,妇女以及残疾人。它也可能很快延伸至由其性取向所界定的群体。在过去的四五十年里,有关公民权利的各项法律已成为美国法律秩序的必要组成部分。

现代国家的福利政策并未实现 20 世纪 60 年代人们在发起"对贫困的战争"中所宣称的伟大抱负。今天我们对经济方面的不平等也更加宽容。但保护穷人免遭歧视的法律规范依然在某些特殊领域——诸如刑事程序和选举程序中——发挥作用。[15]此外,当代自由主义虽然在过去的 25 年里屡遭责难,但它依旧致力于满足经济受压制者的最低需求,向他们提供(尽管有时不够充分)获取食物、住房和医疗保护的渠道。如同公民权利的保护措施一样,这些福利政策也被当代的自由主义积极采纳。

在这样的背景中,下面这一点也就不足为奇了。当面对有关仇恨言论、淫秽作品和竞选捐款的规章时,许多自由主义者发现很难无视受到威胁的对抗价值而选择言论自由。自由主义者保护言论的承诺依然坚实有力,正如他们对"焚烧国旗案"判决的坚定支持所证明的那样。[16]但是在上述三个问题领域中,这一承诺正经受着基于自由主义的另一目标——平等——而动用国家权力的考验。 10

政府对仇恨言论进行管制,是因为这样的措辞和表述贬低受害者及其所属群体的价值。[17]平等观念也在女权主义者对淫秽作品发起新的抨击中发挥作用。他们反对淫秽作品,并非出自宗教抑或道德的原因,而是由于淫秽作品将女性简化为性对象,并色情化其影响力。[18]在女权主义者看来,淫秽作品导致对女性的暴力,包括强奸和家庭虐待,进而形成对社会不利的普遍行为模式,既发生在私密空间又体现在公共领域。与仇恨言论和淫秽作品一样，对竞选活动经费进行管制，也是出于平等主义的考虑。[19]一些人把这种管制作为防止腐败的策略而予以辩护，但我们可以在更为丰富的含义上来理解——作为一种途径，它能够增强穷人的实力，将穷人置于与富人几乎平等的政治立足点，从而给予穷人公平的机会，用以增进自身的利益，并制定措施改善其经济地位。

每一代人都倾向于强调自身的独特性，因此，我们必须注意，不可过分夸大当下的重要性。像我们今天如此关注的各种管制，已经被更早年代的法院权衡过了。然而我相信，一个重要的差异存在于当代司法系统对平等承诺的深处。即使在 20 世纪 60 年代，平等也只是人们的一种渴望，能够推动国家前行，但它依旧为了在宪法竞技场中立足而苦苦奋斗着。今天，平等有了完全不同的地位——它已是一种结构性要素，成为法律秩序的中心支柱之一。

当人们在20世纪60年代讨论管制淫秽作品的规章时，考虑的当然是性暴露的电影和杂志具有的所谓唤起性冲动和导致强奸的力量。然而，人们很少关注女性感受到的强奸威胁对她们的日常行为所可能产生的影响，也忽视了淫秽作品对于社会中人们看待女性的方式 11
所可能具有的冲击力。在这个淫秽品规约的形成期，由“布朗案”在法律上引发的平等主义革命，其关注的对象已经开始从黑人转向穷人，但尚未触及女性，即便在意识形态层面也未曾触及。的确，性别歧视的禁令已被纳入1964年《民权法案》的公平就业部分，但正如全世界所知道的，这一增补条款意在限制而非扩展公平就业的措施。[20]直到20世纪70年代，《民权法案》中禁止基于性别的就业歧视的相关规定，一直被执法部门蓄意疏忽；尽管在最近的20年里，人们为此进行弥补而付出了极大的努力。今天，对于性别平等的主张如同对于种族平等的主张一样强烈。

当前辩论的许多参与者乐意承认平等的影响力，但又拒绝臣服于它。他们尊重对抗价值，然而在解决自由与平等的冲突时，只会支持自由。第一修正案应当是第一位的，他们争辩说。[21]这样一种立场，诉求于更为经典的自由主义理念。也或许正是由于这个原因，这种立场在当前的辩论中才占据了优势地位。然而在我看来，它却是脆弱不堪的。因为没有理由偏重自由甚于平等，偏重第一修正案甚于第十四修正案。第一修正案的首要性似乎不过是一个断言或标语。那些偏爱自由的人，经常提及自由言论在20世纪60年代保障平等过程中所起到的作用，以此暗示自由和公开的辩论乃是取得真正的、实质的平等之先决条件。但它的逆命题当然也可能是成立的：真正的民主政治不可能实现，除非平等的条件已被完全满足。

上述这番论说，我的意图并非偏重平等甚于自由，偏重第十四修正案甚于第一修正案。我只是要承认，在

这两种价值之间寻求抉择的方法是困难的,甚至是不可 12
能的。对仇恨言论、淫秽作品和政治消费进行管制,迫使法律体系在两种超越性的承诺——自由和平等——之间做出选择,而宪法并未就应当如何做出选择提供任何指引。因此,我不能同意包括凯瑟琳·麦金农(Catharine MacKinnon)在内的那一派人士,他们只是通过简单地断言平等的优先性来为管制规则作辩护。在这些人身上,再现了主张言论优先性的自由主义者犯过的错误。

另有一点也使我困扰:麦金农教授和其他人通过界定自由(以自由言论为形式)打破僵局的方式,试图从两个终极价值的冲突中脱身。麦金农争辩说,淫秽作品根本不是言论,而是行为。这样就否认了淫秽作品具有言论作为受特殊保护的自由所享有的特权地位。[22]在做这样的论证时,麦金农还运用了耶鲁大学的托马斯·爱默森(Thomas Emerson)[23]在学术界提出,又曾经被雨果·布莱克(Hugo Black)大法官详细阐述的分析模式。[24] 区分言论与行动,以此作为运用第一修正案的一般方法论,我本人对其有效性心存疑虑。因为这种方法掩盖了第一修正案要求的所有复杂判断。即便将那些更为一般的顾虑搁置不顾,在我看来,区分行动与言论,在这样的语境中也是被错置的。

某些形式的淫秽作品——如电影和画报——可能在其制作过程中使用了妇女,这些参与制作过程的妇女很可能从事着行动。同样的,淫秽作品可能是人类活动众多原因或触发器之一,包括自慰和针对女性的暴力。出于这个理由,淫秽作品可以被正确地视为——就像凯
13 瑟琳·麦金农所言——一种把行动从一个领域传递到另一个领域的机制。然而,我坚持认为,淫秽作品本身不能被简化为制作它的行动或者它引发的行动,而是言论的一种形式。它是其创作者和制作者的一种表达,也必定是公众借以理解自身和理解世界的话语的一部分。

对于仇恨言论也可以得出相似的结论，即便这样的言论可能被定性为“好战语汇”“恐吓”或“骚扰”。与淫秽作品或就此而言的许多艺术与文学一样，仇恨言论虽然能够唤起我们易受感染的情绪，并成为人类活动的原因和结果，但它依然是言论。

那种界定言论的要素以排斥仇恨言论和淫秽作品的努力，违背了人们对言论的一般理解。类似的论证曾在20世纪70年代被斯凯利·赖特（Skelly Wright）法官在竞选捐款的语境中提出过。但在这个案例中，论证是以通常的用法来支持其论点的。[25]赖特的目的是证明管制政治消费的正当性，以驳斥那种认为管制侵犯了消费人的言论权利的论点。为了使这些管制规则越出第一修正案的涵盖范围，赖特法官坚持认为金钱不是言论。但我再一次倾向于抗拒这种简单的解决方法。我排斥通常的用法而主张金钱是言论。或者更准确地说，捐款的行为，就像游行一样，都是一种表达；同时，也是倡导个人政治价值观的重要方式,效果相当于在叫卖一本书。

人们有时捐钱给候选人或者花钱来代表某种动机,以此来交流他们关于自身或其信仰的某些认识。即便政治消费完全是工具性的而缺乏任何表达的成分,它们仍然可以诉诸第一修正案。因为借以使得发言者的信
14 息发挥效用并将其理念传播给大众的工具,受到第一修正案的保护,尽管对工具的保护不如对言论本身的保护那样强烈。这一事实必须予以考虑,即第一修正案不仅保护书籍的内容,也保护将书籍发行至公众手中所必需的设施和机构。

这样一来,我们似乎陷入了僵局。我们既不能通过简单地界定言论从而打破均衡的方式,来避免政府管制仇恨言论、淫秽作品和竞选捐款所造成的问题,也没有原则性的方法来解决自由与平等之间的冲突。因此,自由主义阵营出现了分化,几乎在与自身为敌,一些人偏

重自由,一些人偏重平等。我们或许不得不与这种令人遗憾的局面共存,但也可能存在着另一种架构问题的方法,使我们能够走出两种超越性价值之间的纷争。也许,这些备受争议的管制规则本身可以被看做是对言论自由的推动,而非限制。

这种对于政府试图去实现目标的理解,使得初看上去存在于自由与平等之间的冲突,转化为自由与自由之间的较量。这种陈述不会打发掉所有的异议,也不会免除艰难抉择的必要,但它会把所有的选择放置在共同的基础结构之中。它会使有关管制的辩论更少地陷入终极价值之间的对抗——这种对抗徒劳地探寻究竟第十四修正案抑或第一修正案具有优先性——而更多地成为意志坚强的人们之间分歧的展现,这些人追求着共同的目标:言论自由。

在自由言论的历史发展中,国家有时以自由的名义,为其对言论的管制作辩护。例如,在冷战巅峰时期, 15

对共产党及其领导权的压制，通常以避免美国陷入斯大林主义为正当性辩辞。[26]当时忧虑的是，共产主义的宣传迟早会令人信服，并将颠覆政府，甚至会建立极权主义专制。对此，自由主义者有一句经典的回应：补救的办法是更多的言论，而非国家管制。

然而，对于淫秽作品、仇恨言论和竞选经费的管制，所涉及的来自言论对自由的威胁则更为直接和即刻。这并非是指，这些言论将说服听众以某种方式行动——例如，建立新形式的独裁政府或者压制社会上的各种弱势群体——而是担忧这些言论会让弱势群体无法参与这类议题上的公共讨论。在此情形下，那种主张更多言论的经典疗法听起来空洞无物，那些本应作答的人也无以回应。

人们坚称，仇恨言论倾向于贬低受害者的价值感，因此会阻碍他们全面参与公民社会的许多活动，包括公共辩论。即使这些受害者公开发言，他们的言辞也缺乏权威;这就好比他们什么也没说。这种默化的力量也被认为存在于淫秽作品之中。[27]在这样的观点看来,淫秽作品将女性贬低为性对象,把她们置于从属地位并使之沉默。这损害了女性的声誉,并使她们感觉自己仿佛对公共辩论没有任何贡献。在一个更为清楚的情况下,无限制的政治消费不仅使财富的不平等分配状况永久化,将穷人置于政治竞技场中的不利地位,而且会有默化穷人的后果。例如,富人在传媒和其他公共领域中可以任意支配广告宣传空间,以至于公众实际上只能听到他们的信息。其结果便是,穷人的声音可能完全被淹没。[28] 16

在上述的每种情形中,威胁到言论价值的行为者都不是政府本身。政府也无需是这样的行为者。吁求政府进行干预,并非基于被管制的行为从本质上违反了第一修正案(如果是从本质上违反了第一修正案,就会作为纯粹技术性的事情要求国家行为到场),而是基于培育全面、公开的辩论对国家来说是可允许的目标,这种辩论确保公众听到所有应当听到的声音。即便这种默化的力量完全出自私人之手——例如,叫嚷着种族污辱言论的人、出版淫秽作品的人,或者是利用雄厚的经济资源支配政治竞选的人——政府也有足够的理由对此进行干预。政府仅仅是在运用它的治安权来推进一个有价值的公共目标,正如它在制定枪械管制或车速限制法律时那样。在此情形下,这一公共目标恰好是一个民主的理念,它要求强势者的言论不能淹没或损害弱势者的言论。

只要民主价值的推进是一个有意义的——事实上,是一个必要的——公共目标,人们就会对该目标得以实现的方法提出问题,尤其是这一方法是否与第一修正案相符合。我们所考虑的这类政府管制措施,在最好的情形下,将促进女性、少数民族和穷人的言论权利。但这必然要减损种族主义者、淫秽品制作者和富人的言论权利。那么,是什么赋予政府这样的权力,去选择某一群体的言论权高于另一群体? 问题的答案,在很大程度上依赖于我们如何思考此处事关紧要的言论利益。而这又反过来依赖于我们对放任主义的自由与民主的自由这两个概念的区分。

如果这里关涉的仅仅是各个群体自我表达的利益,比如说是种族主义者的欲求和潜在受害者的利益,他们各自都想说出自己的想法,那么国家将一个群体置于另 17
一群体之上的抉择,就必定存在若干武断的成分。然而,我相信这里关涉更多的问题。政府并非试图要在各个群体的自我表达利益之间作出仲裁,而是试图通过确保各方的观点为公众所知晓,为集体性自治创造基本的前提条件。假如这可以简单地通过增强弱势群体的实力来完成,那么国家的目标就会实现。但我们在纠正歧视行动计划和类似问题中的经验告诉我们,事情并非如此简单。有时,为了听到其他人的声音,我们必须压低一些人的声音。

当以这种方式思考政府管制仇恨言论、淫秽作品和竞选捐款时，平等问题再次浮现。但现在平等价值是植根于第一修正案，而非第十四修正案。我们所关注的，并不简单地只是某些群体的社会地位，这种地位有可能被正考虑对其进行管制的某种言论所损害。我们关注的是，这些群体提出的以全面和平等机会参与公共辩论的要求。他们要求的是自由言论的权利，而非平等保护的权利。此外，国家尊重这些要求，并非因为它们的内在价值抑或对自我表达利益的增进，而仅仅因为这是一条推动民主进程的途径。国家努力保护的是听众——全体公民——的利益，使他们得以听到有关重要公共事务的全面、公开的辩论。

以这种方式对那些由仇恨言论、淫秽作品和竞选捐款引发的问题进行再概念化(reconceptualize)，似乎很容易与传统框架相一致。这种再概念化表明，我们严肃
18 看待的对抗价值并非乏味的公共秩序，甚至不是更为诱

人的平等价值，而是民主政治本身。确实，一种描述这种境况的方式可以被简单地说成，言论如今出现在了等式的两边，既作为被管制威胁到的价值，又作为被管制所推进的对抗价值。但即便是这种表述方式，也极端地低估了我们所面对的挑战的深度。传统框架依据的是古老的自由主义观念，认为政府是自由的天敌；而现在要求我们设想政府是自由的朋友。

这种对自由传统论证法的逆转受到了极大的抵制。抵制部分来自于对第一修正案的绝对主义解读，认为它禁止政府对言论的一切管制。[29] 这种解读宣称，“不得立法”就是“不得立法”。这当然没有错。但正如亚历山大·米克尔约翰所强调的那样，第一修正案禁止的是削减“言论自由”的法律，而不是发表言论的自由。[30] “言论自由”这一短语暗含了一种对自由的组织化和结构化理解，这种理解对于什么应当被容纳和什么应当被排除给予了特定的限制。正是基于这种原理，旨在保护国家安全或公共秩序的言论管制有时才是可允许的。而当国家试图维护辩论的全面性时，这一原理同样适用。的确，第一修正案应当涵括更多这样的管制，因为管制的目的在于推进民主价值，而民主支撑了第一修正案本身。

尽管最高法院从未对第一修正案的绝对主义解读产生好感，然而在过去的25年里，它却越来越多地依赖于一项原则，该原则将严重削弱——尽管可能还不是完全废止——国家保护自由的能力。这就是内容中立原
19 则，它禁止政府基于言论的内容而对言论进行管制。

从“巴克利诉瓦莱奥案”（*Buckley v. Valeo*）开始[31]，最高法院一直坚决抵制对政治经费施加任何强制性限制，即使这些限制的目的在于防止公共辩论受到扭曲。最高法院一再宣称，第一修正案禁止国家为了增强一些人的声音而限制另一些人的音量。[32]在最初声明这一观点时，最高法院并没有提供正当性理由，但它似乎诉

诸于内容中立原则。而在此后的案例中，最高法院明确地将“巴克利案”声明与该原则联系在一起。[33]

对于仇恨言论问题，最高法院从不含糊其辞。在1992年对“R. A. V. 诉圣保罗市案”（*R. A. V. v. St. Paul*）——所谓“十字架焚烧案”——作出的判决中，最高法院推翻了圣保罗市关于仇恨言论的法令，其理由就在于该法令并非内容中立。[34]最高法院承认该法令禁止的只是“战斗性语汇”，这种表述类型属于政府管控甚至压制的权力范围。然而，最高法院基于该法令内容的偏袒性而宣布其无效。因为该法令禁止的是种族主义者和性别歧视者的“战斗性语汇”，而没有禁止那些反种族主义者或反性别歧视主义者的“战斗性语汇”。政府支持宽容甚于不宽容。正如大法官斯卡利亚（Antonin Scalia）在法院判决的多数意见中所言：“圣保罗市无权许可一方以自由方式作战，却同时要求另一方遵循‘昆士伯里侯爵规则’（Marquis of Queensbury Rules）”。[35]

最高法院已经认可对猥亵言论的管制，只要这种管制未超越由所谓“米勒测试”（*Miller* test）所规定的界限。[36]但最高法院尚未遇到这样的案例，即为了回应女权主义者对淫秽作品的忧虑而特别设立管制法令的案例。而最高法院对上述仇恨言论案的判决，暗示了它将会如何裁定这样的案例。事实上，当斯卡利亚大法官为他在“R. A. V. 案”中的结论作辩护时，他把这样的观点作为自己的首要前提，即一项对猥亵言论的偏袒性管制
20 规则——只禁止用于非难市政府的猥亵言论的法律——将是违宪的，因为它违背了内容中立规则。[37]更早几年前，弗兰克·伊斯特布鲁克（Frank Easterbrook）法官在联邦第七巡回上诉法院采用了类似的论证手法，推翻了一项印第安纳波利斯法令，该法令特别针对那些使女性处于屈从地位的性暴露内容。[38]

内容中立原则禁止政府通过支持或反对辩论中的某一方，从而试图控制民众在互为竞争的观点之间做出

的选择。因此可以理解,该原则有着强大的号召力,能够卓有成效地适用于许多情况。当今对堕胎的抗议就是其中之一。如果政府制定法规保护那些支持堕胎权利的人进行游行示威,同时却压制“生命优先”(pro-life)派的力量,那么它就违反了民主原则。另一方面,内容中立本身并不是一个目标,也不应该被实质化。这项原则是用来回应一些深层的考虑,即政府可能运用手中的权力扭曲辩论,以得到特定的结果。人们应该把这一目的始终牢记在心。因此,这项原则不应适用于类似仇恨言论、淫秽作品和政治经费这样的情形,因为在这些情形中,是私人派别在扭曲辩论,而国家管制却在推进自由和公开的辩论。上述案例中,国家也许反对特定的发言者——焚烧十字架者、淫秽品制作者抑或政治性的巨额消费者——并根据内容做出了判断,但正如可被证明的那样,它仅仅是为了确保人们听到各方面的声音。政府只是扮演着一个公正的国会议员的角色,致力于使所有观点得以呈现。

在较早时期,第一修正案领域的几位专家,包括米
克尔约翰和卡尔文——自由主义立场的设计师——承
认政府有时可能不得不像一个国会议员一样行事。但
21 他们认为,政府执行这一功能只需遵循“罗伯特议事规
则”——一个事先决定好的行事方式,它并非基于辩论
中正在发生的事情,而是根据诸如时间优先性之类的普
遍抽象原则来决定。[39]如今,这个概念已不够充分。一
个国会议员必须对资源——如时间和金钱——加诸辩
论的种种限制保持敏感,而且很可能不得不说:“我们从
这一方已经听到了很多。在我们投票之前,或许其他人
也应当有机会来发言。”一个公正的国会议员希望观点
得到有力的表达,但他也会敏感于过度的鼓吹以及这种
过度对辩论质量的影响。一个公正的国会议员有时可
能不得不打断辩论:“你就不能约束一下自己吗?你如
此滥用自己发表观点的方式,以至于许多人已完全不愿

再辩论了。”

当然，对辩论的任何管制，都可能会影响到公众对政策问题的最后决定；对过程的任何管制，也将或多或少影响到结局。听取辩论双方的意见所做出的决定，很可能不同于只听取一方意见所做出的决定。在这个意义上，运用内容中立原则来禁止管制仇恨言论、淫秽作品和竞选捐款，或许看起来类似于它在抗议堕胎案例中的运用，政府管制会产生偏袒辩论中某一方的效果。但这里存在一个至关重要的差别。

当政府如同一个国会议员那般行事时，它的目的不是要决定结局，甚至不是维护公共秩序（像它在抗议堕胎案例中所能做的那样），而是为了确保公共辩论的强健。这样一种目标改变了整个分析思路。这并不是说，推进公共辩论是一个比维护公共秩序更有价值的目标，因此人们更能谅解管制对过程及其结局的影响。事情或许会如此，但我要提出一个更为根本的观点，即强化

22 辩论所引致的结论倾斜不足为虑，因为这无可非议。民主提倡的，不是简单的公共选择，而是那种依据全面的信息并在适当反思条件下做出的公共选择。从民主的观点看，对于全面而公开的辩论影响了（极可能也改进了）结局的事实，我们不应抱怨，而应欢呼与喝彩。

在把政府视作国会议员时，米克尔约翰和卡尔文似乎把社会当做了一个巨型的市镇会议。近来，罗伯特·波斯特（Robert Post）教授坚持认为那样的看法基本上依赖于反民主的前提，并批判了这种理解社会的方式。[40]在波斯特看来，实际的市镇会议发生在这样的背景下，即参与者都同意——有时含蓄地或非正式地——一项议程，而对于市民社会却不能做这样的设想。在持续的对话也即市民社会中，没有人会游离于秩序之外，也没有任何想法会不在考虑范围之内。市民社会，他争辩说，只有当它也具备一项议程时才能被看做市镇会议，但议程的设定将要求国家采取特定的独裁措施，这被波斯特视作国家管理权力的运用，如此就会出现藐视激进民主——几乎算是无政府主义——被诱发的可能性。真正的民主原则，根据波斯特的观点，要求公民设定公共议程，并始终可以自由地重新设定它。

一个市镇会议的观念确实预设了一项议程——这里必然存在一些相关的标准——但所有议程，无论是实际市镇会议的抑或比喻性类型的，并不需要由参与者故意来设定，也无需由外部力量如国家来强加。它们可以更为自然地逐步形成。民主社会中始终存在着构筑公共讨论的议程——本周讨论核扩散问题，下周讨论卫生保健问题——尽管这样的议程并不是由一个特定的代理人或权力当局设定的。 23

社会不止是一个市镇会议，政府也远甚于一个国会议员。政府还是特定的实质性政策的化身，那些手握权力的人期望从辩论的解决方式中获得利益。狡黠的政客可能会说，他们之所以管制内容，为的是充实公共辩论，确保公众听到各方面的声音。但他们的目的，事实上或许是为了决定结局抑或推进特定的政策。这种危险在竞选捐款的问题上让我感到尤为严重。现任官员可以把限制经费作为一种方式，使自己免受新候选者的挑战。

我们必须直接地面对和处理这一危险。那些负责设计制度的人（如同国会议员般行事）应该把管制内容的权力交给远离政治冲突的机构。选择一个特别热衷于某一结果的人来主持会议，从来就不是一个好主意。此外，仔细审查政府行为的重大职责应当交给司法部门，毕竟司法部门远离政治冲突。当执行这项任务时，司法部门不应当考虑行为的动机——出于规定还是另有所图——但必须审慎地决定政府管制对公共辩论的总体影响是什么。法院必须自问：这种管制的确能够提升辩论的品质，还是会有相反的效果？

调查政府干预对于辩论品质的影响是一种困难且

多少有些曲折的活动，并且很难知道从我们考虑的三个问题中是如何产生这种影响的。我把仇恨言论、淫秽作品和竞选捐款归为一类，是出于理论兴趣——因为我认识到它们对人们所普遍接受的第一修正案的信条提出了相似的挑战——而不是因为我相信它们都需要相同的解决方法。在我看来，法院在努力解决这些问题时， 24
错误地依赖了某种具体化版本的内容中立原则，而且，即便在把政府设想为国会议员并允许它有时进行内容判断的框架下，法院依然有可能在事实上认定政府行为限制了辩论，因此仅就结果而言，法院仍在重蹈覆辙。

也就是说，我不相信对政治经费管制予以废止的“巴克利诉瓦莱奥案”能够以这些理由得到辩护。该案中所讨论的法律在“水门事件”之后凭借审慎的国会裁决获得通过。这一裁决得到足够的证据支持，认定了无限制的政治经费对政治所产生的扭曲作用。但仇恨言论和淫秽作品带来了更多的复杂问题。这两种言论形式的默化效应依赖于更加微妙的心理动力——使一个潜在的发言者无能为力抑或丧失名誉。在法院审理的具体个案中,这种动力可能不会出现,或者选择的补救方法可能不够灵活,以致对公共辩论造成的扭曲多于补救。传统的补救方法——更多言论——或许要好得多。这些事情都很难确定,尤其是在这种抽象层面处理时。然而关于仇恨言论和淫秽作品,依然可以得出两个要点。

首先,理论的失败能够导致调查的失败。无法理解甚至无法承认他们有可能面对着这样的情境,即言论既是受到威胁的价值又是对抗价值,圣保罗市和印第安纳波利斯市案例中的法院废止了争议之中的法律,甚至没有给政府机会说明这些言论形式事实上是如何扭曲公共辩论的,也没有给政府机会展示争议中的管制措施乃是适当的补救方法。法院出于表面判断就宣布这些法律无效。

再者，这些案例中的法院在作出他们的裁决时，完 25
全无视第十四修正案宣示的平等价值。我觉得这种无视是个错误。从第一修正案的视角来看，我们必须认真关注仇恨言论和淫秽作品对弱势群体的默化效应——特定形式的言论是如何侵犯那些群体自由言论的平等权利的。但这种关注不应使我们无视这些言论对那些群体更广泛的社会地位所造成的影响，也就是说，不应使我们无视这两种言论形式对第十四修正案所产生的效应。

即便第十四修正案并不优先于第一修正案，也不意味着第十四修正案不应当在司法裁量中被赋予任何权重。否认第十四修正案的优先性并不是要彻底抹杀它。也许很难确认圣保罗市的仇恨言论法令与印第安纳波利斯市的淫秽作品法令就是强化言论的措施，但有可能通过拓宽调查的焦点，并考虑深层次的平等目标来补充第一修正案分析中的不足,并扭转局势,使政府得到支持。所有的对抗价值都应当得到尊重。

一个更为强大的政府会造成多种威胁,这是无可否认的,但这些威胁出现的风险以及估量它们会造成的危害,应当与强大政府所可能实现的益处综合权衡。我们不可忘记政府进行压制的潜能,万万不可,但与此同时,我们还必须考虑这种可能性,即政府运用它的强大权力来推进民主社会的核心目标——平等以及可能的自由
26 言论本身。

---

[1] Harry Kalven, Jr., *A Worthy Tradition: Freedom of Speech in America*, ed. Jamie Kalven (New York: Harper & Row, 1988), p. 22.

[2] 同上。

[3] 参见 Harry Kalven, Jr., *The Negro and the First Amendment* (Chicago: University of Chicago Press, 1966)。

[4] 388 U. S. 307(1967). 另见大法官布莱克在“见大法官布莱克在“07(1967). 案”中的异议, 383 U. S. 131, 151(1966)。

[5] 376 U. S. 254(1964).

[6] 395 U. S. 444(1969).

[7] *New York Times Co. v. United States*, 403 U. S. 713 (1971).

[8] Harry Kalven, Jr., “Even When a Nation Is at War,” *Harvard Law Review* 85(1971):3-36, pp. 25-36. See also Owen M. Fiss, “Free Speech and the Prior Restraint Doctrine,” in *Liberalism Divided*(Boulder: Westview, 1996).

[9] 347 U. S. 483(1954).

[10] 410 U. S. 113(1973).

[11] 参见 *Planned Parenthood v. Casey*, 505 U. S. 833 (1992); See also Ruth Bader Ginsburg, “Speaking in a Judicial Voice,” *New York University Law Review* 67(1992): 1185-1209, pp. 1199-1201; Guido Calabresi, “Antidiscrimination and Constitutional Accountability (What the Bork-Brennan Debate Ignores),”

Harvard Law Review 105(1991):80-151; Owen M. Fiss, "What is Feminism?" *Arizona State Law Journal* 26(1994):413-428。

[12] *Civil Rights Act of* 1964, Pub. L. No. 88-352, 78 Stat. 241(1964); *Voting Rights Act of* 1965, Pub. L. No. 89-110, 79 Stat. 437(1965); *Civil Rights Act of* 1968, Pub. L. No. 90-284, 82 Stat. 73(1968).

[13] 参见 William N. Eskridge, Jr., "Reneging on History? Playing the Court/Congress/President Civil Rights Game," *California Law Review* 79(1991):613-684。

[14] *Voting Rights Act amendments of* 1982, Pub. L. No. 97-205, 96 Stat. 131(1982); *Americans with Disabilities Act of* 1990, Pub. L. No. 101-336, 104 Stat. 327(1990); *Civil Rights Act of* 1991, Pub. L. No. 102-166, 105 Stat. 1071(1991).

[15] 参见 Frank I. Michelman, "On Protecting the Poor Through the Fourteenth Amendment," *Harvard Law Review* 83 (1969):7-59; "In Pursuit of Constitutional Welfare Rights: One View of Rawls' Theory of Justice," *University of Pennsylvania Law*

Review 121 (1973): 962-1019; "Welfare Rights in a Constitutional Democracy," *Washington University Law Quarterly* (1979): 659-685。

[16] *United State v. Eichman*, 496 U. S. 310(1990); *Texas v. Johnson*, 491 U. S. 397(1989). 参见 *Measures to Protect the American Flag: Hearings before the Senate Comm. on the Judiciary Proposing an Amendment to the Constitution Authorizing the Congress and the States to Prohibit the Physical Desecration of the American Flag*, 101st. Cong., 2d Sess. (1990); *Measures to Protect the Physical Integrity of the American Flag: Hearings before the Senate Comm. on the Judiciary*, 101st cong., 1st Sess. (1989); *Statutory and Constitutional Responses to the Supreme Court Decision in Texas v. Johnson: Hearings before the Subcomm. on Civil and Constitutional Rights of the House Comm. on the Judiciary*, 101st Cong., 1st Sess. (1989); Frank I. Michelman, "Saving Old Glory: On Constitutional Iconography," *Stanford Law Review* 42(1990):1337-1364; Sheldon H. Nahmod, "The sacred Flag and the First

Amendment," *Indiana Law Journal* 66(1191):511-548. 这个问题仍未终结,目前的辩论围绕着一个宪法修正案的提议。参见 Steve Goldstein, "Flag Debate Stirs Red, White, Blue Passions," *New York Times*, July 3, 1995, Al, col. 1. 试图通过一个修正案来推翻联邦最高法院判决的努力,最近在参议院遭到挫败,但只差了三票的支持。Robin Toner, "Flag-Burning Amendment Fails in Senate, but Margin Narrows," *New York Times*, December 13, 1995, Al, col. 1。

[17] 参见 Mari J. Matsuda, Charles R. Lawrence Ⅲ, Richard Delgado, and Kimberlè Williams Crenshaw, *Words That Wound: Critical Race Theory, Assaultive Speech, and the First Amendment* (Boulder: Westview Press, 1993)。

[18] 参见 Catharine A. MacKinnon, *Only Words* (Cambridge: Harvard University Press, 1993); *Feminism Unmodified: Discourses on Life and Law* (Cambridge: Harvard University Press, 1987), pp. 127-213; *Toward a Feminist Theory of the State* (Cambridge: Harvard University Press, 1989)。同时参见 Andrea Dworkin and

Catharine A. MacKinnon, *Pornography and Civil Rights: A New Day for Women's Equality* (Minneapolis: Organizing Against Pornography, 1988)。

[19] 参见 Kenneth J. Levit, "Campaign Finance Reform and the Return of Buckley v. Valeo," *Yale Law Journal* 103(1993): 469-503. See also Lillian R. BeVier, "Money and Politics: A Perspective on the First Amendment and Campaign Finance Reform," *California Law Review* 73 (1985): 1045-1090; Vincent Blasi, "Free Speech and the Widening Gyre of Fund-Raising: Why Campaign Spending Limits May Not Violate the First Amendment After All," *Columbia Law Review* 94(1994):1281-1325。

[20] 参见 Owen M. Fiss, "The Fate of an Idea Whose Time Has Come: Antidiscrimination Law in the Second Decade after *Brown v. Board of Education*," *University of Chicago Law Review* 41(1974):742-773. See also *The Civil Rights Act of 1964: Text, Analysis, Legislative History—what It Means to Employers, Businessmen, Unions, Employees, Minority Groups* (Washington, D. C.: Bu-

reau of National Affairs, 1964)。

[21] Edmond Cahn 曾在麦卡锡时代使用这样的表述方式,参见 Edmond Cahn, "The Firstness of the First Amendment," *Yale Law Journal* 65(1956):464-481. 另一个提法可以在 Robert B. McKay 的文章那里找到,"The Preference for Freedom," *New York University Law Review* 34(1956):1182-1227。

[22] MacKinnon, *Only Words*, pp. 29-41. See generally Ronald Dworkin, "Women and Pornography," *New York University Law Review of Books* , October 21, 1993, vol. 40, p. 36, n. 17.

[23] Thomas I. Emerson, *The System of Freedom of Expression* (New York: Random House, 1970); "Pornography and the First Amendment: A Reply to Professor MacKinnon," *Yale Law and Policy Review* 3(1984):130-143.

[24] 参见 *New York Times Co. v. United States*, 403 U.S. 713, 714-720(1971)(布莱克大法官的同意判决); Hugo L. Black, "The Bill of Rights," *New York University Law Review* 35 (1960):865-881。

[25] J. Skelly Wright, "Politics and the Constitution: Is Money Speech?" *Yale Law Journal* 85(1976):1001-1021.

[26] 例如 *American Communications Association v. Douds*, 339 U.S. 382,422(1950)(杰克逊大法官对判决部分同意、部分不赞同)。

[27] 参见 generally Rae Langton, "Speech Acts and Unspeakable Acts," *Philosophy and Public Affairs* 22(1993):293-330。

[28] 例如 *Buckley v. Valeo*, 424 U.S. 1, 257(1976)(怀特大法官对判决部分同意、部分不赞同); First National Bank of Boston v. Bellotti, 435 U.S. 765, 802(1978)(怀特大法官不同意判决); *Citizens Against Rent Control v. Berkeley*, 454 U.S. 290, 303(1981)(怀特大法官不同意判决)。

[29] 参见 Black,"Bill of Rights"。

[30] 参见 Alexander Meiklejohn, "The First Amendment Is an Absolute," *Supreme Court Review*(1961):245-266, p.255。

[31] 424 U.S. 1(1976).

[32] 同上, 48-49 and n.55。

[33] 例如 *Pacific Gas & Electric Co. v. Public Utils. Commission*, 475 U. S. 1, 14-15(1986)。

[34] 505 U. S. 377(1992).

[35] 同上, 392。

[36] *Miller v. California*, 413 U. S. 15, 24-25(1973).

[37] 505 U. S. at 383.

[38] *American Booksellers Association, Inc. v. Hudnut*, 771 F. 2d. 323(1985).

[39] Alexander Meiklejohn, *Political Freedom: The Constitution Powers of the People* (New York: Harper, 1960; repr. Westport, Conn.: Greenwood Press, 1979), pp. 24-28.

[40] Robert C. Post, "Meiklejohn's Mistake: Individual Autonomy and the Reform of Public Discourse," in *Constitutional Domains: Democracy, Community, Management* (Cambridge: Harvard University Press, 1995), p. 268. 关于波斯特立场更为全面的分析,参见 Morris Lipson, "Autonomy and Democracy," *Yale Law Journal* 104(1995):2249-2275。

第二章

艺术与积极政府

在政治哲学的历史上,国家行事方式多样。我们最为熟悉的是,国家以一种可能被称为管制的方式行动,签发命令和禁令,并运用它所具有的权力来执行这些指令。国家作为警察是其在刑法中的典型行为方式,是它在民事程序中评定损害赔偿和签发强制令,以及在许多行政程序中发布禁令时的行为方式。

然而,国家活动的另一个领域在 20 世纪变得越来越重要。它在其中不是以管制者,而是以配给者的角色采取行动。[1] 在这种状态下,国家颁发许可证、修建和租赁房屋、聘用和解雇员工、为图书馆购书、资助和管理大学,并为艺术提供资金。这些行为中有一部分与言论自

由并没有明显的联系，但其他许多行为确实与之相关，或是因为补贴是提供给言论者的，或是因为诸如提供工
27 作或执照这样的利益与影响言论的特定条件密切关联。

大多数第一修正案领域的专家学者聚焦于国家的管制功能。在这种情况下，他们把宪法当成街角发言者提供的庇护所，保护个体公民免于警察的武力威胁。他们把第一修正案锻造成为古典自由主义的工具。在第一章中，我论证了当政府必须以国会议员的方式行动时，这种对第一修正案的理解不得不作根本性的调整，去考虑言论本身的默化效应。在本章中，我将论证，在面对国家作为配给者时，这一传统观点甚至更为不当。在国家与发言者之间划分界线，或者把第一修正案设想为街角发言者的庇护所，在配给领域毫无实际意义，因为每一项配给活动都必然存在国家与公民间的互动。

一些把古典自由主义推至极端的人坚持认为，政府根本不应该资助发言者。他们要在言论和政府之间构

筑一道墙，一道非常类似于隔离宗教与世俗政权的墙。在讨论被视作“虚饰活动”(frill-activity)的配给时——经常招致攻击的靶子是公款资助艺术与公共广播——这种观点或许有着表面的号召力，但当遇到公共图书馆和公共教育问题时，它就变得不堪一击了。在这些情况下，我们很容易理解，取消政府拨款将会使这些活动甚至我们整个文化和智识生活陷入市场的盛衰不定，或者被那些拥有巨额财富者的心血来潮者所摆布。

更明智的方法是，开始把公款资助文化项目看成当代生活的既定事实，并把第一修正案用于防止这些项目管理中的权力滥用问题。作为一个纯粹的法律问题，所有人都同意宪法适用于政府的配给与管制行为。政府拨款就像刑事起诉一样，是官方行动并受限于第一修正 28
案。而争议在于，如何适用第一修正案以及适用的程度。尤其当涉及言论问题时，政府配给行为是否应当受到与管制行为一样严格的审查。

近年来，为积极政府及其配给过程确定适当的第一修正案标准的问题，已经在诸多不同的情况下发生，其中最为紧迫的，莫过于由国家艺术基金会(National Endowment for the Arts，下文简称 NEA)决定资助罗伯特·梅普尔索普(Robert Mapplethorpe)作品展所引发的争议。梅普尔索普是纽约的一位摄影师，1989 年 3 月死于艾滋病，终年 42 岁。在他死前不久，宾夕法尼亚大学的当代艺术研究所组织了一次他的作品回顾展，并由 NEA 提供资助。北卡罗来纳州的参议员杰西·赫尔姆斯(Jesse Helms)，一位保守派圈子中的元老级显赫人物，将这次回顾展中的一些照片斥责为“下流”和“垃圾”，并抗议联邦资金用于支持该项目。[2]

梅普尔索普作品回顾展总计 175 张照片。[3]其中一些，如名人朋友的肖像或者花卉的照片，赫尔姆斯显然认为是无害的。这位参议员抨击的焦点主要是三组性质与此完全不同的照片。第一组是梅普尔索普朋友的孩子们的照片,其中有一张裸体男孩坐在椅背上的照片;还有一张照片是掀起裙子的年轻女孩坐在公园长凳上,她没有穿内衣。

第二组有争议的照片将那个裸体男孩处理成雕塑。 29
这组照片还包括梅普尔索普一位女举重运动员朋友的若干镜头,而引发最大风波的是有关男性身体及其器官的照片。尤其让参议员气愤的是,其中一张名为“穿涤纶西装的男人”的照片。画面中,一名黑人穿着廉价的西装,相机聚焦在他的躯干上,剪去了膝盖以下及肩膀以上的部分,他的生殖器裸露着。

第三组照片最有争议,展示的是同性恋关系。其中一张是两个男人赤裸上身拥抱在一起;另一张是两个男人在亲吻。还有其他一些照片是所谓“X”系列的一部分,展示了有可能被认为是变态的同性恋行为:一个男人将尿液排射到另一个男人嘴巴里,一只手插入肛门。“X”系列中的许多照片都令人震惊或不安,并且其意图显然是要达到这种效果。

NEA 提供给当代艺术研究所 30000 美元来组织展览,正是存在于国家与艺术界的这种关联引起了轩然大波。特别是赫尔姆斯参议员,他认为把公共资金用于这次梅普尔索普的展览是骇人听闻的。他的抗议导致华盛顿特区考克兰美术馆(Corcoran Gallery)取消了原定于 1989 年春末举行的同一展览,也引发了国会的两轮立法议案。

第一轮发生在 1989 年秋,国会在 NEA 的拨款法案中增加了一个附加条款。该附加条款被称为“赫尔姆斯修正案”(the Helms Amendment),意在禁止 NEA 把资金用于支持那些被赫尔姆斯参议员认为与梅普尔索普作品展相似的艺术。[4]为了描述这种艺术的类别,赫尔姆斯使用了词语“猥亵”(obscene),而这个词具有特定的
30 司法含义。从 20 世纪 50 年代末开始直到今天,最高法院试图通过提出有关“猥亵”的宪法定义,来确定国家

对性暴露题材予以管制的边界。一个通用的定义是在1973年“米勒诉加利福尼亚州案”(*Miller v. California*)中提出的,它要求控诉方证明被禁的作品在整体上是要唤起淫欲,以公然冒犯的方式描绘性行为,并缺乏严肃的文学、艺术、政治抑或科学的价值。[5]

在赫尔姆斯发起初次攻击时,大多数宪法学家都想当然地认为,依据“米勒测试”,梅普尔索普作品展应免于受到猥亵控诉。1990年秋,这个判断在俄亥俄州的辛辛那提市得到确证。该市的当代艺术博物馆及其馆长因举办了同一展览而受到猥亵指控。[6]陪审团借助于“米勒测试”宣告他们无罪,这也许是因为该展览具有严肃的审美价值,甚至可能具有政治价值——它表达了受到艾滋病摧残的同性恋群体长期坚持的主张:“沉默=死亡”。然而,参议员赫尔姆斯说得很明白,他对“猥亵”的理解不同于最高法院,在1989年法案中使用这个术语时,是有意要比“米勒测试”所允许的解读含义更为宽泛。

“赫尔姆斯修正案”及其对 NEA 的限制在艺术圈以及更广的范围内引起了激烈的争论。有人反对该项法律的特定实施方式，尤其是 NEA 要求资金申请者签署一份遵守该法律的保证书。[7]有人将此与麦卡锡时期的忠诚誓言相提并论。另一种反对意见更多地与此项法案的特定术语相关，这起因于“赫尔姆斯修正案”并未遵从“米勒测试”关于猥亵的定义这一事实。然而，该法案实际上并没有必要受限于此。有关猥亵的法令即
31 使确实没有包含猥亵的定义，或者定义的“猥亵”要比“米勒测试”更为宽泛，这些法令也依然成立，因为“米勒测试”的运用仅仅是为了限制此类法律的适用性。法律的过度伸展通常可以由法院在个案的基础上，通过把该法律约束在宪法允许的限度内而得以纠正；这一方法原本可以适用于“赫尔姆斯修正案”，正如大多数评论家所做的那样，假如它加诸 NEA 资金申请资格的限制，

已被作为一项猥亵指控而受限于相同的宪法标准。

不管怎样,“赫尔姆斯修正案”连同附加其上的拨款法案都在那个财政年度末失效了。然后,在 1990 年秋,辛辛那提市案件裁决后不久,国会为 NEA 颁布了新的法令,该法令沿用至今。[8] 就管理实践而言,1990 年法令力图把选择资助获得者的责任更多地集中在基金会主席身上。它计划在授予资助的过程中继续使用同行评审委员会,但它假定评审委员会推荐的申请者人数要多于最终获得者,而 NEA 资助的决定性选择将是基金会主席的责任。尽管 1990 年法令在授予资助的标准方面引入的变化有着更加重大的意义,但它在这种情况下,却是朝着两个不同的方向发挥效用。

正如“赫尔姆斯修正案”一样,1990 年法令也禁止 NEA 向猥亵作品提供资助,因此它也将“非猥亵”(non-obscenity)设定为符合资格的条件之一。但与“赫尔姆斯修正案”不同,1990 年法令关于猥亵的概念直接并明确地与“米勒测试”中该词汇的司法定义相关联。在相似精神的指导下,1990 年法令规定,一件作品或一个项目是否符合猥亵定义,要由法院来作判断。任何项目都不能因为涉嫌猥亵而被认为不适合获得 NEA 的资助,
32 除非并且直到法院判定该项目确属猥亵。(如果法院的这种判定发生在资助授予之后,NEA 会为收回资助而提前做好准备。)

尽管 1990 年法令在设定资格标准方面使规则与“米勒测试”相一致,但它还是降低标准来管理申请过程中所谓的竞争阶段,即 NEA 在合格的申请者之间作选择时。对于这个竞争阶段,1990 年法令引入了一个新的术语——“正派”(decency)。连同艺术价值或艺术卓越性一起,正派成为在合格的申请者之中进行选择的根据之一。艺术卓越性是一个正面因素,不正派则是负面的。1990 年法令规定:“艺术卓越性与艺术价值是评判申请者的准则,同时顾及正派的通常标准,以及对美

国公众各种信仰与价值观的尊重。”[9]

因此，借用卡尔文的另一个表述[10]，1990 年法令把 NEA 从宪法规制中解脱出来，至少是部分地解脱出来。尽管这项法律要求 NEA 在资格判定中遵循第一修正案标准，但它还是给予 NEA 在竞争阶段广泛的行动自由。该法令允许——事实上是要求——基金会主席以项目违反了“正派的通常标准”为由拒绝给予资助。这个理由很可能被用来拒绝资助像梅普尔索普作品展那样的项目，而一旦这类事情发生，出现的问题将是，这样的行为是否违反第一修正案及其对言论自由的保证。辛辛那提市案件的败诉表明，梅普尔索普的作品受到宪法保护而免于猥亵的刑事诉讼。在此背景下，更为准确的问题将是，NEA 是否应当被允许拥有警察所没有的权力，或者用我最初的表达，配给型政府是否应当与管制型政府一样遵循相同的第一修正案标准。 33

在分析这个问题时，我首先假设，对于第一修正案而言,政府的管制与配给行为产生大致相同的公共影响。辛辛那提市的指控对第一修正案价值所造成的巨大危险在于,它对公民接触或宣传梅普尔索普作品的潜在影响。它具有阻碍公众接近梅普尔索普作品展的危险。拒绝给予 NEA 资助具有相同的效果。向 NEA 申请资助以举办这个展览的机构,可能缺乏资金而无力在经济上独自承办,而拒绝它的申请则很可能使公众无法看到展览。无可否认,刑事诉讼可能使个别的艺术家蒙羞,损害他或她的名声,甚至可能会使之受到监禁。但猥亵的刑事诉讼事实上很少会导致监禁,由于作品不够正派而拒绝向艺术家或馆长提供资助,就可能对其名声产生如同刑事诉讼一样的影响。就个别艺术家、馆长抑或机构陷入的这种困境而言,因辛辛那提市博物馆举办了梅普尔索普作品展而对其罚款 2000 美金,与拒绝向当代艺术研究所提供举办展览所需要的资金(比如 30000 美金),两者之间真的有区别吗?我认为没有。

然而，从这些固有的务实性判断中很难得出一般的
结论。因此让我们暂且假定管制行为（以刑事诉讼为形
式）产生独特的困境。同时我们也假设，基于猥亵的刑
事定罪，要比依据正派理由而拒绝给予资助造成更大的
耻辱。但是，我们并不清楚能从这些假设中得到什么样
的结论。这种特定的困境可能引发第五与第六修正案
所规定的程序性保护措施，但我相信这些困境与第一修
正案保护并推动的宪法利益无关。而无论我们考虑的 34
是第一修正案试图推进的民主价值（促进公共辩论的强
健），抑或是自由价值（保护个体自我表达的利益），这
种无关性都是真实的。也只有当刑事诉讼导致的耻辱
或特殊困境——无论是监禁抑或罚款——强化了刑事
制裁的严重性，这种耻辱或特殊困境才会进行第一修正
案议题的分析。即便如此，巨大的经济缺口也可能使国
家拒绝向类似的呼吁提供资助。

然而，在管制与配给这两种形式的行为之间，存在

一个本质区别:一定程度的默化在配给的情况下无可避免。这种默化效应来自资源匮乏——NEA 能够支出的金额也许总是少于申请资助的总额。向某个申请者提供资助必然要拒绝另一个申请者,因此,国家的这种行为同时具备增强言论与限制言论的双重属性。获得资助的申请者,言论会得到增强,而未获得资助的申请者的言论就会被压制。当然,被拒绝给予资助的申请者依然可以“自由地”依靠自身的力量来完成项目,而一旦我们假设这些资助具有生产性功能——它们产生了艺术,没有它们,艺术将不会存在——那种自由在很大程度上就只是形式而已。被拒绝给予资助的申请者很可能缺乏把他们的艺术变为现实所需要的资源,在这个意义上,他们的表达会受到阻挠,而那些获得资助的艺术家却通过相同的途径推动了自己的表达。

在管制的情况中不会出现这样的资源匮乏,政府的决定也不会有这种双重属性。警察逮捕街角发言者的

决定会导致言论的缺失,但警察决定置身事外却通常不
会产生那样的效果。如果我们撇开第一章讨论的特殊 35
问题,即当默化效应产生于言论本身,也不谈下一章要
考察的问题,即当质问者威胁到街角发言者,那么警察
所做出的不逮捕决定就会产生更多的言论。但是在配
给的情况下,由于资源匮乏,资助的授予就会以它增强
言论的相同程度来压制言论。

确切地说,匮乏在配给过程中并不总能发挥作用。特别是,它在配给过程的资格入选阶段不会出现,因为此时尚无必要在申请者之间进行取舍。被公示为合格的申请者,总是多于最终受到资助的人。出于这个原因,资格评定能以如同管制行为一样的方式来处理;它遵循“米勒测试”,正如 1990 年法令加以确认而赫尔姆斯所反对的那样。但在竞争阶段,“米勒测试”就用不上了,因为选择始终要在大量的申请者中做出,而所有的申请者都可以被假定已经通过了猥亵检测。接下来

可能出现一个问题，即第一修正案对于竞争阶段的选择究竟是否有意义。确实，国家在以 NEA 的形式采取行动，但无论 NEA 选定了什么，通过选拔一个申请者优先于另一个的行为，国家将同时在压制和鼓励言论。

如果第一修正案像某些人所坚持的那样，仅被认为是在保护个体艺术家和馆长的自我表达利益，那么它针对 NEA 的选择就的确是中立的。被拒绝给予资助的艺术家会使他或她的自我表达利益受挫，而获得资助的人将推动这同一利益。这里似乎没有任何宪法性基础来
36 让我们质疑 NEA 对申请者的取舍。孤立地来看，每一个申请者都有平等的自我表达利益。而如果人们从纯粹量化的角度来设想更为必要的第一修正案理论——公共辩论原理，即拒绝资助一个申请者所导致的公共辩论缩减，将从授予另一个艺术家或馆长同样的资金而完全得以补救——那么也将出现宪法中立。

然而，如果我们不仅能从定量角度，而且能从定性

方面来理解公共辩论原理——第一修正案假如能被认为是这样一种机制，其功能在于保护公共辩论的强健性，从而使民众知晓重要公共问题的多种且互相冲突的观点——那么，我们就有理由来关切 NEA 在竞争阶段的配给性决定。有些选择可能会提高公众的理解，而另一些则可能降低它。

设想这样的情景：当 NEA 主席在竞争阶段进行配给时，他被指引着要去权衡这个项目是否推进了所谓的家庭价值，或者更具体地说，是对于性的正统理解。同情性地描绘同性恋的项目将是令人不悦的，而巩固异性恋的项目就会受人青睐。这样的指示就会有限制公共讨论的效果——使传统的性观念处于优势地位而进一步边缘化另类观念；一种观念且只有一种观念将被推进。人们可以正当地指控 NEA 强化了正统观念，却因此违背了第一修正案的基本原则之一。不得不在相互竞争的艺术项目中以某种方式做出选择，以及默化效应

在该竞争阶段无可避免,仅有这个事实,并不能让法令的指示与主席依法令而做出的行为超脱出第一修正案
37 的适用范围。

在上述设想的情境中,我们完全可以谴责这个法定的标准,因为它几乎必然要弱化我所指的公共辩论。它将使辩论完全向单方面倾斜。然而,我们很难对 1990 年这项关于 NEA 的法令中实际运用的一个标准——正派——做出如此总括性的判断。假设有两个项目同时挑战了传统的性观念,其中一个项目的实施方式要比另一个更符合通常的正派标准。或者假设有一个项目倡导传统的性观念或一般的财富分配,但它倡导的方式却严重违背了正派的通常标准。在这些情境中,适当关切第一修正案的价值,并不一定会阻止 NEA 主席考虑正派标准。人们必须明白正派标准不是用来反对另类的,同时应该承认可能存在这样的倾向性,但是,很难完全排除这个标准。像“米勒测试”一样,在这种情况下也

需要具体问题具体判断,以便澄清正派标准的运用或理解是否系统性地排斥了特定的观点,从而导致公共辩论的质量下降。

因此,当论及竞争阶段并运用正派标准时,在管制与配给行为之间就出现了差别。警察不能仅仅因为街角发言者冒犯了通常的正派标准而逮捕他;然而,NEA主席却可能因为一个项目较少地违背正派的一般标准,而优先选择该项目的申请者。这里无需去证明该“言论”唤起了淫欲或以公然冒犯的方式描绘性行为——这是猥亵指控的要求——至少按照既定规则无需如此。另一方面,管制与配给行为之间的这个差别是有限度 38
的。尽管我们可以适当地运用正派标准,例如把它作为在两个具有同等艺术价值的项目之间作选择的决定性因素,但我们对它加以运用的方式,不应损害公共辩论的强健或把公众隔离在另类观念之外——正如对梅普尔索普的否决所可能产生的影响。对正派标准的此类运用或许是1990法令所准许的，却不为宪法所允许。宪法禁止那样的配给行为，因而限制这一法令的适用性，就像它在猥亵问题中发挥作用的方式一样。

而更为复杂的理论问题，来自于1990年法令阐明的另一个配给性标准——艺术价值。[11]许多在梅普尔索普争议中反对参议员赫尔姆斯的人坚持认为，第一修正案应当被解读为要求NEA的选择与判断完全基于艺术价值。这个限定将具有阻止运用正派标准（或其同类标准）的效果，因为正派标准在许多人看来会被当做清除非正统观念的工具。但这一限定也会具有另一种效果——使得基于艺术价值的判断免于宪法性审查。一旦确定NEA的判断完全以艺术价值为依据，那么将没有其他理由再去做进一步的调查。

在某种程度上，那些坚持这种立场的人是被梅普尔索普境遇的独特性所打动。该展览是对传统观念的挑战。它把一个边缘群体的生活和活动带入我们的视野，展示这个群体对性爱的理解，并大胆地使社会面对自己的偏执——例如“X”系列所描绘的自我厌恶——所造成的影响。但是，正如辛辛那提市审判明确显示的那样，该展览也是一项可圈可点的艺术成就。因此，对梅 39
普尔索普展览进行资助，可以被视为同时在推动艺术与民主价值，而且，那些反对赫尔姆斯的人会很自然地认为，作为一个纯粹技术性问题，依赖艺术卓越性作为选择的标准将充分保护民主价值。然而，在我看来，笼统地概括梅普尔索普展览并假设这两种价值总是和谐一致是错误的。事实上，有时这两种价值可能会相互背离：“好的艺术”可能侵蚀民主价值的基础，而“坏的艺术”却可能推动它。

另有一派人士急于把言论自由等同于艺术卓越性，或者更准确地说，急于使后者成为前者的标准，这不是由于他们误把梅普尔索普的例子当成普遍情况，而是因为他们想寻求原则性基础以反击参议员赫尔姆斯。他们希望 NEA“去政治化”，并把艺术卓越性作为支撑 NEA“中立”行事的基础。但是，假如我们从过去 30 年来处理种族问题的经验中学到了什么，那就是运用所谓的精英标准——在种族问题上，是标准化考试的成绩；这里则是艺术卓越性——不一定会确保中立性。[12]

在言论方面，中立性意味着政府不能偏袒辩论中的任何一方。应由民众而非政府在相互竞争的观点之间做出选择，民众的选择也不应被政府通过某种特殊方式扭曲公共辩论来加以操控。然而，把一种表面上似乎中立的标准当做合宪性的试金石，并不能达到这一目标。为了弄清楚这一点，让我们设想国家基于一个完全非中立的标准所做的配给：国家拨款给某个特定的项目，目的在于帮助该项目所代表的一方在辩论中赢得胜利。然而我们同时假设，这个配给行为最终并没有产生那样的效果。国家支持的一方实际上并没有获得任何优势。
40 在这类情境中，国家并没有运用中立性标准；而从第一修正案及其可能推进的价值来看，既然配给行为并没有对公共辩论产生任何可辨识的影响，就没有理由要对此予以关切。反之，我们不妨设想另外一种情况：一位国家官员竭尽全力保持中立，想要把资金给予最优秀的艺术，而不顾这种艺术对公共辩论的影响，但这一配给决定却产生了促使辩论向某一方倾斜的效果。在这种情况下，配给行为违背了中立性，我们也有充分理由在法律上予以关注。因此，我们必须注意的是配给的实效，而不是它的深层依据或动机。

某些配给性标准，大概也包括我之前提到的“家庭价值”标准，可能从一开始就被排除在外，但这只是因为我们已经预测到这些标准所可能产生的影响。而对于艺术卓越性标准，却不能作这样的笼统判断，我们因此只能对具体个案进行具体判断。艺术卓越性标准的运用，在不同情况下会产生不同的效果，取决于公共话语的结构、可选择的项目范围以及艺术卓越性观念的具体内容。在这方面,艺术卓越性更类似于正派标准。对NEA来说,艺术卓越性似乎更为无害或更为恰当,但我们却必须对运用这一标准所产生的现实后果始终保持警觉。配给性标准表面的无害,并不能确保第一修正案所要求的那种中立性。

NEA的每一个配给行为都会影响公共辩论,因此评判这些配给所需要的是某种用以区分有害与无害影响的标准。我相信,这个标准可以在视第一修正案为保护集体性自决的观念中找到:保障公共辩论的充分性与丰富性。对一个看似中立标准的运用,无论是艺术卓越
41 性还是正派,一旦它经常性地妨碍公众为了管理自我或选择希望的生活方式而去获知各种意见与主张,那么对这种标准的运用就成为关切的缘由。显然,向公众呈现各种不同且相互冲突的观念本身就会对结局产生影响,因此,从有限的意义上而言,这对于结局就不是中立的。但正如我在上一章所做的解释,这并没有威胁到第一修

正案的价值。把争论的双方而不只是一方展示出来,可能会产生不同的结局。但从民主观点来看,如果我们正确理解的话,这将不应被视为对政府中立责任的违背。

总之,在我提出的方案中,NEA 对于竞争阶段的管理,依然可以像 1990 法令指示的那样,在合格申请者中依据艺术价值与正派的标准进行自由选择,但 NEA 同时也要履行第一修正案所规定的宪法义务——确保对这些标准的运用不会经常性地排斥公众自我管理所需要获知的观念,从而导致公共辩论质量的下降。第一修正案并没有使法令的标准无效,而是要求它们有所增补。第一修正案使得配给过程呈现出三角形结构,它要求 NEA 主席不仅要考虑艺术卓越性与正派,还要顾及公众的知情权。

在这个方面,NEA 及其主席所承担的责任,类似于包括大学招考官员在内其他许多配给性机构的责任。大学招考官员运用多重模糊的标准。他们必须给每一个标准赋予实质内容,并决定各个标准所应得的相对权重。他们的机构致力于提供专业教育,而不是要高扬平等主义理念,落实《理想国》中的公民塑造。然而,这些官员必须确保所使用的典型的招考标准——学术卓越
42 性、领导潜能和校友关系——不会产生经常性地排斥特定弱势群体的效果。为此,有时需要重新考虑或重新解释那些已确立的标准(the once-standard criteria);在另一些情况下,则需要调整或降低这些标准在选拔过程中的作用。

这里所提及的大学招考的经验可以表明,第一修正案施加在 NEA 身上的责任并不像它初看上去那样不同寻常,它与遍及整个社会的管理实践极为一致,也处于 NEA 的能力范围之内。但这一责任或许也指出了表象之下的法律困境:NEA 可能因力图遵循法律,反而会违背它。即便 NEA 考虑到了法令提出的标准对辩论强健性施加的影响,一些另类观念必然还是会受到优待,这

依然是由匮乏因素所致。仅仅因为没有足够的资金来支持每一个另类观念。NEA 的管理者可能把资金提供给那种增强公众理解同性恋的艺术,而不是提供给纳粹或者鼓吹地平说的艺术。管理者因而必然要担忧,他优待某种另类观念甚于另一种的行为是否违反了第一修正案。我不相信这种行为必然会违反,正如我不相信大学优待一个弱势群体甚于另一个——比如优待非洲裔美国人甚于阿巴拉契亚山区的穷人或南亚人——就必然会导致对第十四修正案的违反。[13]这完全依赖于优待的正当理由。

在另类观念之间进行选择,不应取决于管理者对这些观念好坏的判断,也不应取决于管理者是否认为它们有价值。否则就违反了第一修正案的民主理想,这一理想把判断各种观念价值的权利留给了民众。然而,还要适当考虑其他一些因素。有些因素事实上可能导致了那种广泛的共识,即梅普尔索普作品展远比其他另类活 43

动更有资格获得 NEA 的资助;而另外一些因素可能会助长相反的看法。

一个应当考虑的因素涉及“受排斥的相对度”。正如某些少数群体可能比其他少数群体更弱势一样,某些另类观念也可能比其他另类观念受到更多的遮蔽,从而更远离公众的视野。或许所有的另类观念依据第一修正案都可以要求获得公共资助,但公众最难接触到的那些观念可能有着最为强烈的要求。如今,显然是在电影《费城故事》(*Philadelphia*)之后,同性恋群体的困境以及艾滋病的威胁已广为人知。但在 1989 年却并非如此,提出充分理由以资助梅普尔索普作品展,在当时无疑更为紧迫。

另外,还应当考虑“财政需要”因素。第一修正案的民主理论强调公众的知情权,而这一权利在没有公共资金支持下也可能得到充分满足,比如通过艺术市场或其他的商业渠道,诸如电视或电影。如今,梅普尔索普的作品已经获得了巨大的经济成就，无法再依据第一修正案来要求获得资助。但在最初申请 NEA 资助以及招致赫尔姆斯抨击之前，情况却并非如此。

NEA 的管理者也必须理解当下“公共议程”中的问题与选择。尽管辩论不应局限于现在所关注的问题，然而，在授予公共资金时优待那些阐明国家当下所关注问题的项目，似乎是合适的。在 20 世纪 80 年代末期，美国遭遇了残酷的艾滋病危机，其引发的紧迫性问题关涉公共资助医学研究的范围与方向。为了解决这些问题，
公众——以那些平时参观博物馆的普通人为代表—— 44
需要理解在公众视野中被长期遮蔽的同性恋群体的生活与活动。

最后，NEA 的管理者还应当考虑上一章探究过的一种动力因素：“言论的默化潜力”。第一修正案以及对公共辩论需求的适当关注，要求 NEA 的管理者注意法定的标准对另类观念的影响；但如果无视某些另类观

念的表达对第一修正案以及公共辩论价值的影响，对于在另类项目之间进行选择的管理者来说，将是一个悲哀的反讽。因此，应当对申请项目进行区分，例如区分鼓吹仇恨言论的项目与梅普尔索普作品展之类的项目。后者直率地处理性爱问题，但就我所知，它并不具有使任何人沉默的效果，恰恰相反，它甚至成为向同性恋群体赋权的根源之一。

我们是否应当以要求管制性政府一样的高标准来要求配给性政府？通过把梅普尔索普作品展以及它所引发的争议作为检验的基础，我已经努力阐明为什么这个问题应当得到肯定的回答，以及为什么法院应当对政府配给行为施加于公共辩论强健性方面的影响保持高度的敏感。在论证这个统一的标准时，我援引了大量法律，有些法律强调平等保护，也有一些关注言论自由；我还将艺术活动管理者与大学招考官员进行了比较，他们各自都在试图推进极其重要的宪法目标。然而在1991

年，对 NEA 进行第二轮国会立法后不久，最高法院宣布的一项判决把法律朝着相反的方向推移了。“拉斯特诉沙利文案”（*Rust v. Sullivan*）[14] 与对艺术的公共资助无关，而是涉及联邦资助的堕胎诊所。基于第一修正案而 45
向那种项目管理提出的质疑被彻底驳回，这一驳回实际上促使所有的政府配给行为，包括对艺术的配给，都从第一修正案的约束中脱离出来。最高法院在“拉斯特案”中以更为古典自由主义的方式，把政府配给与政府管制放在了完全不同的宪法标准上。

“拉斯特案”中的最高法院出现了 5∶4 的意见分歧，首席大法官伦奎斯特（William Rehnquist）撰写了多数意见书。多数法官赞成这种行政管制，即禁止那些联邦资助的家庭计划诊所的雇员向就医者提供如何堕胎的信息，而对于第一修正案的目标更为重要的是，它同时禁止雇员在受雇期间倡导堕胎。雇员可以主张反对堕胎而不能支持堕胎。换句话说，国家利用公共资金，在那个时代最为激烈的辩论中偏袒了其中一方。

在为法庭撰写多数意见书时，伦奎斯特强调了该案涉及的国家干预的独特方式：国家不是作为警察在采取行动，而是作为配给者在决定利用资金能够做些什么。他不但将配给行为从政府不可进行内容判断的规则束缚中解脱——这是一个堪称公平且恰当的裁决，因为国家的配给行为必然包括那样的判断，当然，除非我们诉诸随机分配——而且，更重要的是，他让配给行为挣脱了禁止内容管制规则背后的原则的约束，这个原则确切地说，是政府有义务维护对于重要公共问题的自由与公开的辩论。当在"拉斯特案"中驳回基于第一修正案而提出的要求时，这位首席大法官似乎对配给决定可能施加于公共辩论强健性方面的影响完全漠不关心。

某种程度上，这种漠视，是伦奎斯特向第一修正案的一种学说示好的自然结果。该学说把第一修正案更多地视作对个体自我表达利益的保护，而甚于对充分与公开辩论的社会利益的保护。这已成为伦奎斯特的第一修正案理论的结构性原则之一,全面主导着管制与配给的不同情形。在管制的情形下,这个理论有自身的问题;在配给的情形下,问题甚至更多。它使法院丧失了审查配给决定的理据,既然这些决定必然涉及偏袒某一个体甚于另一个。 46

然而,在“拉斯特诉沙利文案”的基点上,似乎有某种更加深刻且或许更为诱人的东西——一种把补贴当做赠品的观念,反复强调政府在决定授予补贴时首先具有充分的可选择性与自由裁量的本质。[15] 在这位首席大法官看来,我们应当感谢政府慷慨赐予的东西,因此我们也应当接受政府希望施加的任何限制,而无论这些限制具有怎样的冒犯性。借用伦奎斯特早先引入法律中的一句习语,我们“必须甘苦俱收”。[16]

在我看来,宪法要比这个礼仪准则所建议的更为苛刻。我们不应当在聊胜于无的前提下对随便什么样的补贴方案都感到满意。一项内置特定限制的方案——比如，不得主张另类观念——将通过巩固盛行的正统观念而产生扭曲公共辩论的效果，并因此具有瓦解民主事业的影响。政府可能无需给任何人提供扩音器，可一旦它决定这样做，它就不能以固化正统观念的方式来分发扩音器。

相当奇怪的是，伦奎斯特自己在“拉斯特案”中曾对这一观念许下空头支票；他承认即便在配给的情况下，政府也不能意图去压制危险观念。[17]然而，他从未解释为什么这种关注只需着眼于政府的目的或动机，而不必延伸至政府配给行为对公共辩论产生的影响。此
47 外，在“拉斯特案”的背景下，似乎很难去论证政府的动机另有所图，而不是要压制一种被那些控制国家机器的人认为是危险或者讨厌的观念。

补贴通常远远不只是赠品，无论大法官伦奎斯特会怎么想。它们有时被用来努力促进一种根本性的、事实

上是宪法性的利益。无可否认,即便情况如此,一方当事人也不能为了推动建立这类方案而对政府提起诉讼,因为存在诸多困难,比如安排法律救济或者确定资助的精确标准。就此而言,补贴方案的建立就可能不是政府的义务[18],但它也可能不只是可允许的行为。它或许为宪法所鼓励——是介于可允许与义务性之间的行为类型——而且由于这样的地位,它也有理由接受与政府管制方案同等程度的审查。作为宪法鼓励的行为,一项补贴方案就不能完全被视为是自由裁量性质的。

在我看来,NEA 的方案享有这样的特殊地位。NEA 的资助并不是给予艺术界的简单赠品或恩惠,它使艺术摆脱了对于市场或者私有财富的紧密依附,从而为推进第一修正案的基本价值——我们审慎且反思性地管理自我的权利与义务——做出了重大贡献。因此,NEA 的资助应当被认为是被宪法鼓励的,而不仅是被允许的,它应得到的不该只是“拉斯特案”中显示出来的司法漠视。法官们必须开始理解,国会设立 NEA 的目的是推进公众的知情权,对资助方案进行司法审查也并非是对赠品的不友好回应——试图让苦涩与甘甜相分
48 离——而是为了确保实现方案更高目标的一种努力。

这样一种观点当然是对古典自由主义基本原则的挑战,后者把国家放在了与自由相对抗的位置,认为第一修正案不过是阻止警察伸手的机制。但正如我已论证的那样,第一修正案在补贴方案的情况中能够成为民主自治的重要因素,它既是方案的理论基础,又是审查方案管理方式的理由。这是我们分析梅普尔索普争议所得到的经验,这种经验很可能会超出对艺术的公共资助领域,而延伸至其他广泛多样的配给方案——如公共图书馆、公立学校、州立大学与公共广播。这些配给方案在社会中发挥着相似的作用,也有理由拥有与 NEA 相同的宪法鼓励性地位。

这甚至对那些与言论没有明显关联的配给方案同

样具有重要意义,例如向穷人提供医疗与住房援助。这种与言论无关的方案可能并不推进第一修正案的利益,但它们确实在赋予其他宪法条款(例如第十四修正案)以活力,而且也可能不仅仅被视作是可允许的行为。它们或许是宪法鼓励的,并为此接受与相应的管制行为一样的评判标准。第一修正案通常被视为所有宪法条款中最自由的一项,是政府最低限度干预论的宪法发源地。因此,如果我们能够明白 NEA 与其他言论资助方案均与第一修正案一致,甚至为第一修正案所鼓励,那么我们就有了最可靠的立足点作为宪法依据,以此来拒绝古典自由主义倡导的政府最低限度干预的理想,而欣然接受满足各种需要的政府积极主义的观念。 49

---

[1] 对于这些问题的重要的早期研究,参见 Seth F. Kreimer, "Allocational Sanctions: The Problem of Negative Rights in a Positive State," *University of Pennsylvania Law Review* 132(1984):

1293-1397。

[2] 135 Cong. Rec. S8807-08 (daily ed. July 26, 1989)(参议员 Helms 的声明)。对于梅普尔索普作品政治性问题的早期讨论,参见 Ingrid Sischy, "White and Black," *New Yorker*, Nov. 13, 1989, p. 124(对于 Minor White 与 Robert Mapplethorpe 作品展的评论);另见 Joseph Wesley Zeigler, *Arts in Crisis: The National Endowment for the Arts versus America* (Chicago: A Cappella Books, 1994)。

[3] Janet Kardon, *Robert Mapplethorpe: The Perfect Moment* (Philadelphia: Institute of Contemporary Art, University of Pennsylvania, 1988).

[4] *Act of Oct.* 23, 1989, Pub. L. No. 101-121, tit. Ⅱ, S304(a), 103 Stat. 701, 741.

[5] 413 U.S. 15, 24-25(1973).

[6] 参见 Jayne Merkel, "Art on Trial," *Art in America* (Dec. 1990), vol. 78, no. 12, p. 41; Isabel Wilkerson, "Cincinnati Jury Acquits Museum Director in Mapplethorpe Obscenity Case," *New*

York Times, Oct. 6, 1990, Al, col. 1。

［7］参见 Barbara Gamarekian, "Grants Rule Testimony by Arts Chief," *New York Times*, May 2, 1990, C13, col. 1。对保证书的这些要求成为几起诉讼案件的焦点问题。其中一个案件在 1991 年 1 月结案,洛杉矶的联邦地区法院裁定,这种保证书要求所具有的含混不清性质违反宪法。*Bella Lewitzky Dance Found. v. Frohnmayer*, 754 F. Supp. 774(C. D. Cal. 1991). 第二起诉讼案件由纽约的社会研究新院提起,并在 2 月达成和解,NEA 同意放弃对 1990 财政年度所有受资助接受者的保证书要求。William H. Honan, "Arts Agency Voids Pledge on Obscenity," *New York Times*, Feb. 21, 1991, C14, col. 6.

［8］*Arts, Humanities, and Museum Amendments of* 1990, Pub. L. No. 101-512, 104 Stat. 1915(1990).

［9］Id. § 103(b), 104 Stat. at 1963. 加州的一个联邦地区法院在 *Finley v. National Endowment for the Arts* 一案中推翻了该法令, 795 F. Supp. 1457(C. D. Cal. 1992), 该案的上诉未决状态已有 3 年,第一次上诉辩论在 1995 年 8 月。

[10] Harry Kalven, Jr., *A Worthy Tradition: Freedom of Speech in America*, ed. Jamie Kalven(New York: Harper & Row, 1988), p. 401.

[11] 参见 Independent Commission, *Report to Congress on the National Endowment for the Arts*(Washington, D. C.: The Independent Commission, 1990)。

[12] Owen M. Fiss, "A Theory of Fair Employment Laws," *University of Chicago Law Review* 38(1971):235-314; "Groups and the Equal Protection Clause," *Philosophy and Public Affairs* 5(1976):107-177; "Racial Discrimination," Leonard Levy, ed., *Encyclopedia of the American Constitution*(1986):1500-1507.

[13] *University of California Regents v. Bakke*, 438 U. S. 265(1978).

[14] 500 U. S. 173(1991).

[15] 同上,192-203。

[16] *Arnett v. Kennedy*, 416 U. S. 134, 154(1974). 关于伦奎斯特法理学一个类似主题的深入分析,参见 Brooks R. Fu-

denberg, "Unconstitutional Conditions and Greater Powers: A Separability Approach," *University of California Los Angeles Law Review* 43(1995): 371-520。

[17] 500 U.S. 173, 194(1991).

[18] 可比较 Owen M. Fiss, "State Activism and State Censorship," in *Liberalism Divided*(Boulder: Westview, 1996)。

第三章

媒体的民主使命

民主是集体自治的一种实践，它要求官员由民众选举产生，国家要对民众的愿望和利益做出回应。在行使这种最高主权时，公民依赖于许多机构，由这些机构来告知不同公职竞争者的立场，报道并评价当前的政府政策与做法。在现代社会，包括电视在内的有组织的媒体，或许是发挥这一作用的主要机构。而为了履行这些民主职责，媒体需要独立于政府的一定程度的自治。

自治的一种形式存在于经济方面。美国报业的私有化已有两百多年，而自从广播与电视技术出现之后，我们已经拥有了私营的电台与电视台。媒体在经济方面并不依靠政府拨款，政府官员也不能通过聘用与解雇记者或播音员来操控媒体。

自治的第二种形式存在于司法方面。许多司法学说限制国家通过刑事或民事诉讼压制其批评者（尤其是 50
媒体领域）的能力。这种自治有诸多渊源，其中最为重要的是1964年最高法院在“《纽约时报》诉沙利文案”中的判决[1]，这也是安东尼·刘易斯（Anthony Lewis）最近一本里程碑式作品的主题。[2]在这一案例中，最高法院认为第一修正案意味着媒体不能因为诽谤了作为抽象实体的国家而受到刑事起诉。最高法院同时限制了公职官员针对诽谤行为寻求损害赔偿的权力，裁定公职官员不得因为有关其职责行为的虚假陈述而获得赔偿，除非能够证明这些陈述是明知或者极其漠视其虚假性而予以发表或者播出的。

司法方面的自治强化了媒体在经济方面的自主。两者共同制约着政府，并从我们的主流意识形态——资本主义与自由主义——中获取滋养。传统资本主义设想了国家与经济的严格分离，并要求国家对于企业家活动的干预处于最低限度。[3]类似地，古典自由主义把政府想象成自由的天敌，坚持认为应当限制政府对于人们生活的干预。长期以来，这两种意识形态对于美国人的心灵有着堪称迷人的强大号召力，如今，它们又将媒体享有的经济与司法自治赋予了一定程度的神秘感。如果没有较高程度的自治，我们难以想象媒体能够履行它的民主职责。然而，在 20 世纪 60 年代，许多法学家开始想要知道民主是否还需要更多的东西。政府是否可能在推进媒体的民主使命方面发挥作用？

这些思考并非毫无来由。事实上，对于为何首先赋
51 予媒体以自治，它们反映了一种更加深刻也更为复杂的理解。“《纽约时报》诉沙利文案”提出一个国家性承诺，保证对于重要公共问题的辩论将是“不受禁止的、强健的以及完全开放的”[4]——这句短语在本书中出现多次，在最高法院的年鉴中更是如此。正是这个对于第一

修正案指导目标的陈述,促使许多人想要知道,在对媒体进行管制方面,政府是否可能发挥比之前所允许的更多的作用。媒体在经济与司法方面的自治,确保它在一定程度上独立于政府,但还有另外一些力量——尤其是市场——制约着媒体对于公共问题的报道,并可能使它无法履行确保公众及时知情的职责。

私营媒体不受国家的经济控制,这当然有好处,但它会受到植根于其中的经济结构的限制。就像其他企业家一样,报社、电视台或电台的所有者也在寻求利润最大化与成本最小化。简而言之,他们希望盈利。他们对于报道什么以及如何报道的决定,很大程度上都取决于这个愿望。当政府的政策或者公职候选人的立场有助于媒体的经济利益时,处于市场压力之下的媒体就可能对批评政府或公职候选人感到畏缩。在其他情况下,这种影响可能更加微妙:利润最大化的简单愿望可能导致媒体忽视那些本该报道却不会报道的问题,因为它们不能创造所期望的收益。为了抵制市场的这种影响，使媒体摆脱它的制约，许多理论家把注意力转向了政府。

一些设想政府可以发挥很大作用的人提到了"垄断
52 势力"。他们援引那些当地没有报纸或只有一份报纸的美国城市的统计数据——数量多得惊人——并指出三大主要广播电视网在吸引受众注意力方面的特权地位。[5]我一直认为这种分析问题的方式难以令人信服，倒不是因为我注意到有线电视或新的信息技术即将来临，而是因为那些以垄断势力来表达其论点的人把市场想象得过于狭窄。就宪法目标而言，相关的市场是一个信息市场，公众通过这个领域来了解那个超出其直接经验的世界。这个相关的市场不能由一个个媒介来定义，而必须涵盖报纸、电台、电视、杂志、书籍甚至电影作为一个统一的整体。在这个市场中，存在着一些形塑公众意见的支配性或引导性力量，但不会有垄断。

当一些人转而把政府作为抑制垄断势力的机

制——完善市场的机制——另一些人的头脑中却浮现出更加广阔、更为政治性或宪法性的目标：满足民主自治的前提条件。然而，在这一派人士中，我们需要在两个不同的分支——民粹主义者与完美主义者——之间做出至关重要的区别。[6]民粹主义者抱怨在市场决定的言论（新闻报道来自竞争性的市场运作）与民主决定的言论（新闻报道由聚集在某种想象的民主会议中的民众做出选择）之间存在裂痕。民粹主义者承认，竞争与利润动机会驱使出版商和广播公司去制作吸引公众的节目，但他们也指出了使市场无法完全反映民众需要的几个因素。

第一个因素是成本。对利润的追求促使媒体的管
理层不仅要利润最大化，而且要成本最小化。这样一个 53
成本动力可能导致他们忽视高成本的新闻收集活动，转而依赖于重播《我爱露西》（*I Love Lucy*）这样的节目。第二个扭曲因素来自于广告，这是私有媒体创造利润的

典型途径。传媒公司必须注意确保他们的广播或报纸的内容在提高而非抑制广告产品的销售。政治争议并不是销售肥皂的好办法。第三,对广告的依赖,必然导致出版商和广播公司在决定呈现的内容以及呈现的方式上对潜在的受众区别看待。在市场压力的驱使下,他们努力去吸引特殊的“目标受众”,而非一般的公众。这是根据购买力和对广告的敏感性来定义受众的,而几乎从不基于一人一票的民主准则。最后,民粹主义者强烈批评在市场驱动体系中集体讨论的缺席。人们在市场中是通过高度个性化的事务来表达自己的偏好,例如在下班回家的路上购买一份报纸,或者私下在自己家里选择一个电视台。在这样的背景下做出的选择,很可能不同于那些针对所有选项经过集体商讨、辩论之后的取舍。

关注市场合宪性的其他人——完美主义者——接受民粹主义者对市场的批评,但他们以更为抽象的方式看待政府干预。他们的目标不是去提供民众在某种想象的民主集会中想要的东西,而是要实现一种目标性理想:告知摆在人们面前的问题,向他们提供必要的信息,以及为他们展示互相冲突的立场。这个希望,借用一个早期媒体个案中的措辞来说,就是要使“经由多种多样、相互对抗的来源中获得的信息得到最大可能的传播”。[7]完美主义者承认民众可能并不想要这种报道,他 54
们可能喜欢性与暴力甚于对公共问题的分析;尽管如此,完美主义者还是认为,应当鼓励、引导甚至可能是要求媒体向民众提供其行使主权所需要的信息。完美主义者担心,即便市场提供了民众想要(want)的东西,它却可能不会给予他们真正需要(need)的东西。

完美主义者当然明白自身立场的反讽性——他们依然致力于民主,致力于这样的观念,即应当由民众针对实质性公共政策的价值做出最终的决定;但他们又不愿意任由民众来决定在取舍之前所应当获取的信息种类。人们可以指控完美主义者使用非民主的方法来保护民主，但事实上人们可以凭借这个理由来批评大多数的第一修正案传统。在保护媒体免受政府干预时，最高法院从不认为国家试图无视多数人的意志而采取行动。与此相反，最高法院非常明白，官员往往不过是多数人的工具而已；但最高法院还是承担了维护公共辩论强健性的任务，并像完美主义者想象的那样构建了那个理想。“《纽约时报》诉沙利文案”在这一点上或许是模棱两可的，这可能是因为最高法院支持了一个全国性的多数而挫败了一个地方性的多数(阿拉巴马州)。但在最近的“焚烧国旗案”中却不存在这样的模糊性。[8]最高法院在此运用第一修正案废止了一项广受欢迎的全国性法令。最高法院是在保护民主免受它自身的伤害，或者借用另一个惯用语句，是在避免多数人的暴政。

民粹主义与完美主义之间的界限并不总是清晰的，
55 这两种思路都可能混杂于包括我在内的许多人的工作

中,这些人把市场看做一种有时会低估民主价值的制约性结构体。然而,强调这一点是重要的,即无论民粹主义者抑或完美主义者,都不曾希望取代、破坏或者排挤市场。他们力争的是一系列补充性、弥合性的策略,在必要时,这些策略会促使媒体跨越市场范围,有时会达至由“民主决定的言论”这个习语所表示的领域,甚至有时还超越这个领域。他们把政府视作这个政策的工具,呼吁政府为此目标而同时运用它的配给性与管制性权力。

促成配给领域改革的主要因素,是国会在 20 世纪 60 年代中期遵循卡内基委员会建议所做出的决议——建立并资助公共广播公司(Corporation for Public Broadcasting)。[9]这个决定并不是为了削弱商业广播公司享有的经济自治而设立的一个复杂策略的一部分,也不是使媒体社会所有化的前奏,而是为了在公共领域引入一种不受利润动机束缚的声音所做出的努力。其设想是,公共广播系统一般会报道那些很可能被商业广播忽视，但对集体性自治却又至关重要的问题。

管制方面对市场的改善主要来自于公平法则(Fairness Doctrine)。[10] 该法则由联邦通讯委员会(Federal Communications Commission，以下简称 FCC)制定，并被作为该委员会为了公共利益而管制广播公司的法定权力的一种阐释。公平法则要求广播公司报道具有公共重要性的问题，并以公平的方式来报道，给出双方的说法(或者是可能存在的多方说法)。作为补充事项，公平法则也给予候选人机会去应对充满敌意的政治评论，
56 并为那些受到个人攻击的人提供相似的回应权利。

媒体把这种管制作为对其自由的侵犯而加以反对，并赢得许多学术名流的支持，其中甚至包括了我曾多次提及的小哈里·卡尔文。当一本批评参议员巴里·戈德华特(Barry Goldwater)的书的作者向最高法院提起上诉，要求法院支持他有权回应基督教圣战组织控制的一

家电台把他当成共产主义的同情者而加以指责时,媒体管制问题的紧迫性在法院系统达到了顶点。大法官们的判决代表了那家小有名气的媒体的一次宪法性失败。“红狮案”(*Red Lion*)的判决是沃伦法院对第一修正案的最后声明之一,在这个判决中,法院宣布支持 FCC 和公平法则。[11] 大法官威廉·道格拉斯(William O. Douglas)没有同意,但其他大法官的意见一致。判决书获得了最高法院内部各派人士的支持——不仅包括那些通常被认为是沃伦法院自由言论立场的制定者,雨果·布莱克和威廉·布伦南,而且包括保守派大法官约翰·哈兰(John Harlan)、波特·斯图尔特(Potter Stewart)以及拜伦·怀特(Byron White)。事实上,大法官怀特还是法院判决理由的起草者。

怀特的论点十分简单:媒体所获准的自治并不是绝对的,而总是反映了相互竞争利益之间的一种调和,也是其价值与其对抗价值的一种综合。在此案中,政府支持管制所表达的利益——公众有权完整地获知重要公共问题的信息——具有一种特别的必要性品质。事实上,政府寻求的正是由赋予媒体自主性所推动的同一种价值:促进对于重要公共问题的辩论是“不受禁止的,强健的以及完全开放的”。

正如运用这个护身符般的习语所显示的那样,“红狮案”并不与“《纽约时报》诉沙利文案”相冲突。这些判决只是在操作细节层面才处于紧张状态:“沙利文案”限制了政府,而“红狮案”支持了政府。但两者都是
57 由同一个法院在相同的历史时期作出判决的,而且“红狮案”是基于“沙利文案”的启发性原则。这两个案例被当成同伴,作为推进媒体民主使命的两个互补性策略,也正因为如此,它们也被视作同一个自由表达体系的组成部分。

“沙利文案”试图通过保护媒体免受某种形式的国家行为——诽谤判决——来提高媒体广泛、全面报道重

要公共问题的能力,否则诽谤判决将阻止媒体进行这种方式的报道。公平法则同样在努力拓展媒体的报道范围,确保广播这种强势媒体报道重要的公共问题,并向受众提供各方的说法。当法庭支持公平法则以及 FCC 有权为了拓展公共辩论的目的而管制媒体时,“红狮案”公开肯定了由“沙利文案”正式宣布的同一种价值。

“红狮案”的判决发生在 1969 年,这一年标志着尼克松执政的开始,以及一个长达 25 年由同一个主题——“大政府”的弊端——主宰美国政治的历史时期。共和党人在这个时期的大多数时间里控制着白宫,他们要求私有化、解除管制以及平衡预算。类似的许多主题延续至今,在 1994 年 11 月国会选举中,同类主题得以突出表达即可证明这一点。在 20 世纪 70 至 80 年代,这些主题具有强大的影响力,统辖着那个时期并赋予其特殊的品格。不足为奇,由“红狮案”与“沙利文案”相互融合所代表的对于新闻自由的细致入微的理解,在这样的环境中消失殆尽了。

管制的敌对者把视线锁定在“红狮案”上,1987 年,结案几乎二十年之后,他们取得了令人惊异的胜利。
58 FCC——不是最高法院,而是 FCC——推翻了“红狮案”并宣布公平法则违宪。[12] 在复审中,哥伦比亚特区的联邦上诉法院支持了 FCC 的裁决,但并未考虑宪法因素,只把它当做行政自由裁量的行为。[13] 而国会却持有另一种想法,它通过了一项法令,使公平法则成为立法要求。[14] 但里根总统与 FCC 持有相同的立场,认为那样的管制违宪,从而否决了国会的议案。[15]

FCC 与里根总统都指出,自从“红狮案”以来,技术已经发生变革,其中最重要的就是出现了有线电视。多数家庭可以接收到的电视频道数量迅速增加;目前有线电视的供应商已有 50 家,据说很快就会达到 500 家。[16] 但无论 FCC 还是里根总统,都未曾触及公平法则最为可取也是最有说服力的原理,这种原理把经济而非技术看做媒体的制约力量。如今在通信领域发生的技术变革可能会向我们提供大量的电视频道与广播波段,但只要这些频道与波段是被市场所主导,那就始终存在歪曲报道的危险。改用布鲁斯·斯普林斯廷(Bruce Springsteen)的一首歌名,《频道波段尽管足有五百,内容却依然空空如也》。*

FCC 的裁决运用了一种论证方法,这个方法曾被那些在 20 世纪 70 至 80 年代领导了解除管制运动的人经常使用:认可管制的目标,却又指出管制将适得其反。[17]最低工资法不会有助于穷人,由于限制了就业数量将使他们的处境变得更加糟糕;反就业歧视法也不会使女性受益,反而会迫使她们去选择要么遵循男性模式

---

* 原文为"500 channels and still nothing on",借用了布鲁斯·斯普林斯廷作品"57 Channels (And Nothin' On)"的歌名。——译注

的全职工作，要么完全退出劳动力市场；公平法则无助
59 于制作出它所允诺的丰富多样的广播节目，反倒会阻碍广播公司采取争议性的立场。FCC 提出的主张是，公平法则产生的结果，或许可以被更准确地称作“灰色言论”，而不是强健的公共辩论。广播公司不愿意采取坚定立场，比如在核能源问题上，因为他们知道自己将不得不为另一种立场来占用广播时间，或者为其提供回应的机会，这将让自己因报道公共事务而承受双倍的经济负担。

这样的论证忽视了管制方案的某些特征，比如报道重要公共问题的积极义务，而这些特征防范了媒体进行自我审查的危险。同时，这种论证也忽视了进行比较判断的需要：即便管制会引起媒体某种程度的自我审查，比起没有管制的情况，广播节目依旧可能变得更加多样化，以及更加适应公共问题的需要。无可否认，这样的判断很大程度上来自于经验；虽然我们作为公民可能会

选择去服从 FCC(恰恰因为 FCC 按部就班地考虑了事实),但我相信,国会完全有权利针对这个问题做出自己的决定,而且,没有进行任何经验调查的总统也有义务去服从国会的决定。

事实上,对公平法则的抨击,既非出自技术因素,亦非来自经验层面。而是由于对第一修正案和它确保的新闻自由存在着相互冲突的解释,才引发了意识形态和原则方面的斗争。FCC 与里根总统相信,最高法院在“红狮案”中的判决——更确切地说,是公平法则与新闻自由相一致的判断——是完全错误的。乍看上去,这似乎是 FCC 与里根总统公然篡夺了理应属于最高法院的权力。毕竟,我们至今已接受了将近两个世纪的教育,知道最高法院才是宪法最终的裁决机构。

然而,在我看来,1987 年的事件并不构成违反宪法 60
的篡权。当里根总统与 FCC 否认“红狮案”的法律效力时,他们并不是要由自己来掌控法律,而只是从一个原理中推导出了自然并合乎逻辑的结论，该原理是最高法院在“红狮案”之后的那些年里逐渐发展形成的。里根总统与 FCC 仅仅是在做最高法院没有机会或者没有勇气去做的事情。

宪法原理的这种变化也不是一下子就出现了，而是发生在三个不同的时刻。首当其冲者，便是“哥伦比亚广播公司诉民主党全国委员会案”（*Columbia Broadcasting System v. Democratic National Committee*，以下简称“CBS 诉 DNC 案”）。该案中[18]，最高法院通过区分两个问题——可允许性（公平法则是宪法所允许的吗？）与义务性（公平法则是宪法规定的义务吗？）——质疑了“红狮案”的宪法可行性。最高法院当时解决第二个问题的方式，动摇了它在“红狮案”中对第一个问题给出的答案。

“CBS 诉 DNC 案”发生在 20 世纪 70 年代早期，起因于一个公益团体试图在一家电台播出一条批评美国参与越战的“评论性广告”。电台完全出于商业原因而不愿播出这个广告，FCC 也拒绝去要求电台接受这个评论性广告。1973 年，最高法院——那时出现了严重的意见分歧——支持了 FCC 的决定，而这一判决所依据的理由却最终对“红狮案”形成了质疑。

第一修正案是以否定性语句表达的，规定国会不得
立法限制新闻自由。法定义务可以来自于这种否定性
表达的法律条文，但这些义务本质上是补救性的，并以
证明政府机构违反了法律条文为前提。只有当一个教
育委员会首先能够被证明是以种族隔离为基础来运营
学校，因而已违反了“平等保护条款”（同样是否定性表
达）时，它才有义务去废止学校中的种族隔离。而人们
可以合理地发问，当 FCC 似乎没有采取任何行动 61
时——它只是拒绝去命令那家电台调整其不愿接受评
论性广告的政策——它如何能够被认为违反了第一修
正案？

假设在曼哈顿街角执勤的许多警官正在聆听一位街头演说者谴责美国参与越战。[19]愤怒的人群走近了这个演说者，但警察无动于衷。他们视而不见，任由人群殴打演说者使其闭嘴。在这幕场景中，我认为没有人会否认警察的不作为构成了一种形式的作为。这个演说者根据第一修正案可以向警察提出损害赔偿，或者谋求法院的一项禁令，以预防警察日后的玩忽职守。不作为并不总是等同于作为，但有时等同——在我们有权期待和要求政府机构采取某种行动的情况下。我们对于警察拥有这样的权利，而我们对于 FCC 也拥有类似的权利。毕竟，FCC 准许私营机构从事媒体经营，它完全知晓自己不作为的后果，且根据一项法定责任，它要确保广播行业服务于"公共利益"。

在沃伦法院时代，当存在某种特殊关联——比如在执照持有者与执照颁发者之间存在关联——不作为通常是被当成作为来处理。[20] 1973 年，当"CBS 诉 DNC

案”宣判时,那些先例依旧具有相当大的效力,毕竟从一
个司法时代到下一个司法时代的转型还未彻底完成。
因此,最高法院支持 FCC 的判决就不能被认为是基于
这样的观点,即从宪法相关的意义上说,FCC 并未采取
行动。更合理的解读是,最高法院的判决是基于其他理
由,并且沿着这种思路还可以得出两个观点:(1) 那家
广播电台,而不是我举的例子中的人群,可以诉诸第一
修正案来要求保护自己的行为;(2) 广播电台拒绝播出 62
评论性广告对第一修正案价值构成的威胁,要弱于人群
殴打街角演说者的暴行对第一修正案价值的威胁。

第一个观点否认了政府规制媒体的管辖权与它控制人群行为的权力一样大;第二个观点质疑了国家管制广播电台的目标是否具有必要性。尽管这两个观点中的任何一个,都使 FCC 的不干预决定相比假设例子中警察的类似决定更加具有正当性,但我们还是应当强调,对于这两个观点或其中任何一个的依赖都会倾向于

削弱“红狮案”的效力。它们对于 FCC 为拓展新闻报道而对广播电台进行管制的努力表示了质疑。

在“CBS 诉 DNC 案”中，最高法院区分了可允许性问题与义务性问题。此后不久，最高法院又把另一种区分引入了法律——这次是在广播与出版之间——并进一步质疑了“红狮案”的有效性。针对“《迈阿密先驱报》诉托内罗案”(*Miami Herald v. Tornillo*)[21]这个新的案例，最高法院宣布佛罗里达州一项有关回复权的法令无效，尽管这项法律的运作方式与公平法则大致相同。该案中，一位竞选佛罗里达州议员的工会官员想要回应一篇发表在州首府主要报纸上的恶毒评论，依据这项州法令他有权这样做。最高法院拒绝了这位官员的要求，并废除了这项法令，该判决被描述为有必要去保护编辑决定发表什么以及如何发表的自主权。而一旦这个判决成为法律，我们就有理由提问——正如 FCC 与里根总统最终所做的那样(尽管只是在修辞意义上)——为什么广播电台不能像报纸那样获得同等程度的自主权?毕竟,它们都是新闻媒体的一部分。

一个可能的回答是强调不同媒体在财产权来源方
面的差别。一份报纸的财产权有许多的法律渊源,包括 63
普通法和制定法,这些法律渊源基本上适用于所有的商业活动。电台广播同样遵从这些法律,但它有一种额外的财产权——排他性许可,准许它使用特定的广播频率。这种许可是由国家通过审慎且制度化的专属决定授予的,旨在避免电磁频谱的干扰。

无可否认,在类似“CBS 诉 DNC 案”中,当决定 FCC 没有以某种方式管制广播电台是否属于一种行为方式时,上述的许可安排具有相关性。在这样的案例中,最高法院是在裁定 FCC 是否具有管制的义务。而当最高法院面对国家管制是否属于可允许性问题时,这种许可授予关系的存在就是不相关因素。国家可以管制一个完全私有的实体,无论它是否获得许可。在解决可允许性问题时，最高法院是在决定由第一修正案赋予的自主范围，这又反过来应当取决于机构在社会中的职能，以及为了发挥那样的作用它需要些什么，而不应当依赖于财产权的来源或者形成财产权的特定原因。当通过对“《纽约时报》诉沙利文案”的裁决来设定自主的界限时，最高法院关注的始终是社会职能而非财产权来源，并且，在那样的情况下，广播电台与报纸得以遵循完全相同的规则。

当拒绝这种方式并在出版与广播之间进行区分时，最高法院大肆攻击了“红狮案”并缩小其效力范围，就像它在 1 年前做过的那样。在“CBS 诉 DNC 案”中，最高法院认为，尽管 FCC 为了保护公共辩论的强健性而对广播电台进行管制在宪法上是允许的，但 FCC 并没有义务去推动这一价值。现在，就像“《迈阿密先驱报》
64 案”宣称的那样，政府被禁止为了上述目的而管制报纸。此外，就像“CBS 诉 DNC 案”一样，“《迈阿密先驱报》

案”所依赖的前提严重质疑了一个即便如此狭隘的裁决的持续有效性。最高法院谈论佛罗里达州的这条法令，就好像该法令是对那份报纸因表达了自己的观点而施加的一个“惩罚”。[22] 这是一个完全不正当的描述，而且，如果这种描述可以适用于佛罗里达州的回复权法令，它也就能够适用于公平法则（出于这个原因，它亦可适用于任何类型的诽谤行为，甚至是“《纽约时报》诉沙利文案”所允许的那种类型）。为了解决与“红狮案”的冲突，“《迈阿密先驱报》案”运用了一个可能被文学评论家称为“因省略而消除”的技巧：它没有援引、引证、区分或以任何方式提及“红狮案”。大法官沃伦·伯格（Warren Burger）这位“《迈阿密先驱报》案”判决意见书的作者或许以为，如果他假装“红狮案”不存在，它便会完全消失。

“CBS 诉 DNC 案”的判决发生在 1973 年，“《迈阿密先驱报》案”的判决则在 1974 年。对于 20 世纪 70 年代中后期而言，“红狮案”仿佛一个无足轻重的先例。接着，在1981年，最高法院认可了《通信法案》(Communications Act)中的一条特殊规定，即禁止广播电台故意并再三拒绝将播出时间出售给具有法定资格的联邦官职候选人。[23]这个判决给“红狮案”注入了一些活力——它确实援引了“红狮案”——但只是在有限的程度上。大多数人认为，1981年的判决反映了对于联邦竞选程序的特殊迁就，以及国会改革该程序的坚定努力。

1986年，当私有化与解除管制的运动获得越来越多的支持，以及有关资本主义与自由主义更为过分的说法俘获了时代精神时，最高法院在第一修正案的缝隙中确立了一种权利——不把令人生厌的言辞放入任何人口中的权利——使得“红狮案”以及它所支持的一切变
65 得更加不堪一击。尽管其来源让人始料不及，但这种权利的宣告却构成了对“红狮案”的第三次(也可能是最具决定性的)打击。

在所涉的案例——“太平洋煤气与电力公司诉公用事业委员会案”(*Pacific Gas & Electric Co. v. Public Utilities Commission*)中[24],加利福尼亚公用事业委员会要求一家电力公司允许一个监督定价程序的公民团体使用该公司账单信封中所谓的“冗余空间”来联络公众。这个“冗余空间”指的是,在信封中能够额外容纳散页单张而不至于增加最低邮资。这个空间过去曾被这家电力公司用来分发它自己的内部通讯——《前进报》,如今则被公用事业委员会分配给这个公民团体每年使用四次。该管制的基本原理与公平法则或佛罗里达州回复权法令的根本原理相同,即向公众提供双方的观点。在废除这一管制时,最高法院并没有反驳对于该公民团体信息的需要,也没有质疑管制的目标价值,但它认为第一修正案原则上禁止政府要求这家电力公司在自己的账单信封中夹带公司认为是冒犯性的、讨厌的或不被认可的信息。

尽管“太平洋煤气与电力公司案”的背景显得格外特殊，但人们立即就能意识到它对于政府管制新闻媒体的重要性。最高法院相对多数意见判决书的作者——大法官刘易斯·鲍威尔（Lewis Powell）——援引了最高法院早期废止佛罗里达州回复权法令的判决来支持本方的决定[25]；而且就在第二年，当 FCC 开始对付公平法则并宣称它不再遵循“红狮案”时，它部分地依赖了“太平洋煤气与电力公司案”。[26]假如因要求一家公用事业公司在它的账单信封中夹带它认为是冒犯性的信息而
66 违反了第一修正案，那么要求广播公司播出它所反感的节目应当也是不合法的——FCC 如此推断。

“红狮案”或“太平洋煤气与电力公司案”中的管制类型涉及对公司财产权的损害，以及与这些财产权相关的经济利益的损失。得到强制执行的信息或节目必然取代了公司认为更加有利可图的文章或节目。只有增加额外的页数、延长广播时间或另外增加邮资（在电力

公司的案例中），公司被取代的信息才能够获得传达。尽管这一经济损失可能微不足道，但无可否认其确实存在。

然而，这种经济损失不具有宪法意义，当然不在第一修正案的适用范围，甚至也不在第五修正案的适用范围（规定任何财产不得在没有补偿的情况下因公共用途而被征用）。这种经济损失既不严重，也不是小范围的，因此与为了修建公路而依法征用私人房屋的政府决定相比，它就不具备所需要的特殊条件来把一项管制转变为对财产的征用或没收。

事实上，大法官们在“太平洋煤气与电力公司案”中一致否定公用事业委员会的管制行为相当于是对电力公司财产的没收；在得出这个结论的过程中，他们完全无视这样的事实，即那家电力公司是一个受到管制的垄断企业。几年前，联邦最高法院驳回了一个相似的赔偿请求，维持了加利福尼亚州最高法院的判决——作为一项州法规定的事务，允许政治活动家进入私营的购物中心。[27]同样的原则主导了“太平洋煤气与电力公司案”，并可能会适用于新闻媒体。

在“太平洋煤气与电力公司案”中认可自由言论主
67 张，并非是由于遭受了经济损失，而是起因于这样的事实，即公司所有者被迫要为他们不赞成甚至在事实上是他们所憎恶的观点或理念提供资金支持。然而，很难把这样的理由转变为可行的宪法原则而不危及现代民主国家。整个税收系统是基于这样的观念：取自公民的金钱可能被用来支持一些人甚或许多人所憎恶的行为：战争、修建难看的公路和政府办公大楼、阅兵、在州立大学里授课，以及采购大量书籍闲置于公共图书馆的书架上。这种强制性的资金支持被看做公民的一项义务，也是致力于共同体目标的一种必要条件。通过这种我们正在探讨的管制类型——它们向政治活动家提供了通向公众的合理渠道——共同体的目标就是对民主程序自身的维护。一个人的财产或财富被用于支持他所憎恶的行为，这被广泛认为是民主政治中公民身份的代价。

当国家权力的行使不是通过税收，而是通过授权使用他人财产，或者要求电台播出它不相信的论点或观点时，就会生成另外一种风险。所表达的观念可能被受众归属于出版商或电台，或者在“太平洋煤气与电力公司案”中被归属于电力公司，而不是被归属于那些获得了表达渠道的个人或组织。这就是为什么“太平洋煤气与电力公司案”所引申出来的那种权利会有各种不同的表述——不是不说话的权利，而是反对强制联合的权利，或者更进一步，是反对错误归属的权利。然而，人们却不大可能会把公民团体简报中表达的观念错误地归属于电力公司，或者在涉及新闻媒体的情形中错误地归属于出版商或电视台。无论何种情形，错误归属的危险都可以通过一份免责声明得以避免，比如“节目所表达的 68

观点并非本电视台的观点"。由此,没有必要去全盘否定管制的权力。

1987 年,FCC 裁定公平法则违宪,里根总统在否决国会试图恢复这一法则的过程中采取了相似的立场。当采取这些行动时,正如我们已经知道的,FCC 与总统并非要把法律掌控在自己手中,而只是从三个判决——"CBS 诉 DNC 案""《迈阿密先驱报》案"与"太平洋煤气与电力公司案"——得出了明确的结论。这三个判决掏空了"红狮案"启发心智的精神,以自由的名义终结了限制新闻媒体自治权的努力。

在 1987 年的对垒之后,紧接着的几年中,国会一直未能恢复公平法则,而原本被期望去赞成这一法则的政治力量似乎也转向了别处。甚至连马里奥·郭默(Mario Cuomo)都选择了公然抨击公平法则。[28] 但在 1992 年,同样以这些价值的名义,国会颁布了一项管制有线电视行业的法令。接着在 1994 年 6 月,最高法院对“特纳广播公司诉 FCC 案”(*Turner Broadcasting System v. FCC*)作出判决[29],提到了这项管制的合宪性问题。该判决揭示出“红狮案”这一先例最后变得有多么空洞。

在“特纳广播公司案”中受到挑战的法令,并不是用来管制常见的新闻媒体,如报纸、电台或电视台,而是有线电视运营商。他们是有线电视行业的守门人。有线电视运营商从外部来源(包括电视台和有线电视节目制作商)购买节目,然后以类似于电话公司传输声音的方式把这些节目播送给有线电视用户。一根电缆会把有线电视运营商的信号输送到家里。有线电视运营商 69
需要使用公共街道和铺设电缆的通行权,因此他们需要市政府或州政府签发许可证或授予特许权。大多数地区只有一家有线电视运营商提供服务。在 1992 年的《有线电视法案》中,国会试图管制有线电视运营商在它的节目来源中进行选择的权力;它要求一定数量的有线电视频道被指定用来转播地方电视台的节目。[30]这将会限制有线电视节目制作者可以利用的频道数量,因此他们与有线电视运营商一起试图推翻《有线电视法案》。

这些年来,有线电视行业飞速发展。如今,60%拥有电视机的美国家庭订购了有线电视。然而依旧还有40%的家庭要依赖于无线电视广播。在某些情况下,有线电视尚未在该区域开通;在另一些情况下,人们无力承担订购有线电视的费用,或者选择把钱用在别处。国会担心那些在经济方面与有线电视节目制作者相关联的有线电视运营商,可能决定不去播送或转播地方电视台的节目。有线电视运营商的这种行为将损害无线电视行业的经济地位,并可能会使它们濒临破产。一旦无线电视垮掉,许多家庭——那40%如今尚未拥有有线电视的家庭中的一部分——将无法享受任何的电视服务。1992年管制法案中的"必须播出"条款可被视为是一种保护措施,以防止上述危险成为现实。

如果是在“红狮案”时期,“特纳广播公司案”会是个简单的案例,但25年过去了,所有的前提条件都发生了变化。最高法院陷入了分裂,无法形成支持国会管制的多数派。唯一能使最高法院成为一体的事情就是对政府的不信任。有一派大法官,包括鲁斯·贝德·金斯伯格(Ruth Bader Ginsburg)、桑德拉·戴·奥康纳(Sandra Day O' Connor),还有安东宁·斯卡利亚与克拉伦斯·托马斯(Clarence Thomas),把这种不信任推至极 70
端。他们宣称1992年《有线电视法案》的“必须播出”条款违反了第一修正案。

另外一派的四位大法官通过将此案发回重审进行新一轮的诉讼,以此来表达他们的不信任。初审法院收到指令,要求更加严格地审查国会陈述的目标以及用来推进这些目标的手段。无线电视行业真的处于危境之中吗?是否可能用更少限制的手段来达到目标?对于这两个问题,证明责任都被明确地归属于政府,而非那些抨击管制的人(有线电视运营商与节目制作者)。此外,某种对国会进行事后评价的意愿也很明显。大法官安东尼·肯尼迪(Anthony Kennedy)是这一派的主要发言人,他提醒案件发回重审的初审法院注意,司法的责任是“当牵涉到第一修正案的权利时要进行独立的判断”。[31] 肯尼迪无视这样的事实,即第一修正案关涉到这个问题的两个方面——它既告知国会立法所要服务的利益,也告知国会立法所威胁到的利益——他坚持认为司法的职责就是“确保在形成判决的过程中国会已经基于实质性证据做出了合理的推论”。[32]

第九位大法官——约翰·保罗·斯蒂文斯(John Paul Stevens)——打算支持 1992 年《有线电视法案》。他并没有反驳肯尼迪大法官对于复审标准的阐述;在表明 1992 年《有线电视法案》合法时,他只是以不同的方式把那个标准适用于已有的诉讼记录而得出了相反的结论。最后,他又在这个结论前撤退,转而支持了肯尼迪大法官的看法:发回重审。斯蒂文斯大法官为自己奇怪的逆转作辩护,认为这对于最高法院形成判决是有必要的。他的妥协意愿可以被看做是一个似是而非的迹象,或者表明他对制度的责任心,或者显示他只在浅层 71
次上忠实于自己表达的观点,又可能二者兼而有之。

肯尼迪大法官判决意见书的大部分内容并没有针对最高法院直接面临的问题——1992 年《有线电视法案》“必须播出”条款的合宪性——而是提供了一份关于有线电视行业与管理新闻媒体的宪法原则方面的初级读物。(在成为大法官前,安东尼·肯尼迪是加州的法学教授。)他的部分意见——附带意见,如果我曾经见过的话——获得了多数大法官的签署认可;事实上,他对于有线电视行业的阐述是“全体同意的”。“红狮案”在这个阐述中出现,似乎被当做好的法律来处理,却完全没有提及 1987 年的宪法性对垒。这不过是一个司法上的礼节而已。

一方面,肯尼迪大法官提及“红狮案”时只是把它严格限制在电台广播方面。根据他的说法,“用于管制电台广播的独特方法的正当理由,来自于广播媒体特有的物理性限制”[33]。他指的是这样的事实,即广播公司使用电磁频谱中特定的波段来传送他们的信号,作为一个纯粹的物理问题,这样不受干扰的频率是稀缺或有限的。肯尼迪大法官承认“法院与评论者从一开始就批评了这种稀缺原理”[34],但他拒绝超越这个原理给“红狮案”所设置的界限。确实,他拒绝把“红狮案”的管制方法沿用到有线电视运营商身上,尽管他再三提及这些运营商是在行使“瓶颈性垄断权力”。[35]在这种情况下,人们很容易认为“红狮案”和它对国家权力的支持,只是一种存活于法律边缘的偏离事物,是另一个时代的形式化遗迹,即将要被技术进步所取代,从而在主导领域的
72 实践意义消失殆尽。

另一方面，赋予新闻媒体几近绝对的自主权而使其豁免于“红狮案”所赞成的管制类型的宪法性法律分支——“《迈阿密先驱报》案”与“太平洋煤气与电力公司案”——在肯尼迪大法官的判决意见书中被视为拥有完全的法律效力。在他看来，1992 年《有线电视法案》的“必须播出”条款应当适用中等程度而非严格的审查标准，但这只是因为他能够把这些条款区别于“《迈阿密先驱报》案”和“太平洋煤气与电力公司案”。他坚持认为，后两个案例中的法律是内容方面的管制，要求进行最为严格的审查。他不愿用类似的措辞来描述 1992 年《有线电视法案》中的“必须播出”条款，这样他就能够以较为宽松的标准来评判它们。肯尼迪辩称，这些条款对无线电视广播的保护并非基于内容，而是出于一种愿望，以保证 40% 未安装有线电视的美国家庭持续获得电视服务。

那四位反对者对于肯尼迪大法官分析中的这个特

点极其不满。他们认为“必须播出”条款完全属于内容管制类型，因此应当受到最为严格的审查——这是很少有法律能够通过的审查方式。他们声称，“必须播出”条款优待地方性电视台甚于那些潜在的有线电视节目制作者，这其中必然包含了一种对于电视广播内容的偏好。反对者考虑过这样的偏好所可能具有的正当理由——用奥康纳大法官的话来说，就是“观点的多样性”“乡土观念”或“教育”——但不足为奇的是，反对者认为，在精确的严格审查下，这些理由在此案中都是欠缺的。这种审查要求法律所服务的宗旨应当是必要性的，该法律所使用的手段也应当近乎完美地适合于对目标的追求。

自从反对者打算以这些理由来推翻 1992 年《有线电视法案》“必须播出”条款以来，人们便不难想象他们将会如何对待一项以 FCC 曾在“红狮案”中使用的模式
73 来试图管制新闻媒体的法律。该法律显然是内容管制

的实例,而如果向公众提供多样观点的愿望都不足以证明 1992 年《有线电视法案》“必须播出”条款的正当性,就很难理解这样的愿望如何能为公平法则提供辩护。奥康纳大法官在“特纳广播公司案”中缺少了一票而未能形成多数意见,但她在这个更大的问题方面似乎抓住了整个最高法院的精神。由于肯尼迪大法官适用了较为宽松的审查标准,他没有必要去处理奥康纳大法官提出的问题——更确切地说,就是观点多样性、乡土观念或教育是不是必要的利益。但肯尼迪大法官的基本策略似乎是不惜一切代价以避免把“必须播出”条款描述为内容管制的类型,哪怕否定公共电视广播(同样受到“必须播出”条款的优待)倾向于教育或具有其他特殊的内容。他实施这个策略的努力显得如此谨小慎微,以至于暗示假若“必须播出”条款属于内容管制的形式——例如,意欲向公众呈现观点的多样性或增进公众的理解——那么他或其他加入他这一派的人就会支持奥康纳大法官，并投票推翻这项法律。最终，多数大法官被说服，同意把1992年《有线电视法案》发回重审，作进一步的事实调查，并把所有的证明责任归属于政府。但这些大法官未必会如此优柔寡断地对待一项为了确保全面、充分地报道重要公共问题而明确限制新闻媒体自主权的法律。内容管制就是内容管制，即便被管制的实体是在政府许可下进行运营的——“太平洋煤气与电力公司案”作为一个参考，清楚地表明了这一点。

在配给领域，寻求新闻媒体多样化的政府计划进展得更好一些，至少在宪法层面上是这样。1990年，意见分歧的最高法院认可了一项有关FCC的国会指令政
74 策，该政策在授予或分配广播行业的执照方面对少数种族给予了优待。“大都市广播公司诉FCC案”（*Metro Broadcasting, Inc. v. FCC*）的前提假设是[36]，种族代表着一种观点，少数种族的业主将运用市场赋予他们的酌情决定权（无论它多么有限），促成广播节目多样化，并因

此丰富公共辩论。

大法官们在平等保护的权利主张方面意见分歧。布伦南大法官援引鲍威尔大法官在“巴基案”[37]中的判决意见作为自己的指导原则,并组建了支持 FCC 的多数派。他裁定,FCC 实现观点多样性的愿望是一个足够有价值的目标,足以证明其在配给过程中考虑种族因素的正当性。如果多样性能够为高等教育中的平权举措提供正当性,它就足以证明广播业类似措施的合理性。奥康纳大法官再次成为反对立场的主要发言人。她不赞成布伦南大法官适用宽松的审查标准——在她看来,只有必要性目标才能为种族优待提供辩护,而观点的多样性缺乏那种迫切性特质。她还认为,运用种族因素作为配给标准并不是确保多样性的适当手段;种族并不总是与观念紧密相连。布伦南大法官通过指出国会在该政策制定过程中所发挥的作用,对奥康纳大法官进行了反驳,并解释了为什么最高法院对国会表现出某种程度的遵从是有益且适当的。最终，布伦南大法官在“大都市广播公司案”中占了上风，但这种力量平衡的势态很快发生了变化。就在宣布判决的当天，布伦南大法官从最高法院退休，而他组建的多数派其他成员很快也相继退休——先是马歇尔大法官（1991 年），然后是怀特大法官（1993 年），接着是布莱克门大法官（1994 年）。到了 1995 年 6 月，奥康纳大法官已经可以组织一个新的多数派，致力于推翻“大都市广播公司案”对种族问题的判决。[38]所有的种族优待都必须经由最严格的审查来决定。

75 然而在自由言论问题上，“大都市广播公司案”可以被解读为一个更持久但多少有点不同寻常的先例——假定法（law by assumption）。它在这个领域的效力来自于这样的事实，即没有人从第一修正案的角度对 FCC 的这个政策提出过反对。奥康纳大法官对于“为强化一套独特的观念或特定阶层发言者的观点而设定的”

措施存有疑虑[39],但大多数情况下,所有的大法官都假定第一修正案并不阻止 FCC 以那样一种方式发放广播行业的许可执照,以此来创设节目的多样性或增强公共辩论的强健性。就此而言,FCC 是配给方面的宪法中立性的受益者,这种中立性在"拉斯特诉沙利文案"中显露无遗。在"拉斯特案"中,最高法院认可了一项法规,该法规禁止联邦资助的家庭计划诊所的雇员为堕胎权辩护,尽管他们可以自由地宣传反对堕胎。该案的裁决显示了一种对于政府配给项目管理方式的宪法性中立。尽管这种中立性作为纯粹的理论而言是有疑问的,但它具有一定的实践益处:允许政府进行内容判断。最高法院在配给方面的立场保全了"大都市广播公司案"中所争论的优待政策,使其免受第一修正案的攻击,这种立场甚至可能有助于公共广播的持续存在。

这些年来,将联邦资金用于支持公共广播在政治上遭到越来越多的反对,而且在 1994 年 11 月国会选举之后的几个月里，这种反对变得尤为激烈。这种情况发生的背景假定了——我相信这种假定是不适当的——宪法中立于公共广播的存活。这种中立性将公共广播拥护者的命运交托给了政治机遇，在此这个有限的意义上，它也就帮助了反对派；但至今尚未有反对者主张公
76 共广播公司违宪。我们应当为此庆幸。但我不禁猜想，在"太平洋煤气与电力公司案"——这个被当前最高法院用来约束管制性政府的主要手段之一——将被用来质疑配给性政府及其拓展新闻报道覆盖范围计划的正当性之前，这种尚未出现反对者主张公共广播违宪的情况，是否仅是暂时维系而已。

在一些人的解读中，"太平洋煤气与电力公司案"是基于反对内容管制的规则。而一种更为可信的解释，则把它视作对特定公民权利的肯定，该权利使其财产免于被政府用来支持他们所憎恶的活动。对这种权利的肯定发生在管制的情况中，但似乎有理由追问：是否这

种权利也可能禁止政府把取自公民的任何税收，用来支持那些包含有他们所厌恶观点的节目或出版物？在“太平洋煤气与电力公司案”中，鲍威尔大法官判决意见里的一个句子否认了任何限制政府配给权力的意图；他认为公用事业委员会的管制措施是违宪的，但他并不反对该委员会把取自公用事业的税收所得用来资助该公益团体的活动。但我怀疑，这种判决逻辑最终是否将推翻他的否认申明。

在1993年春季，第八巡回上诉法院的法官莫里斯·阿诺德（Morris Arnold）——曾被里根总统任命到联邦地区法院，后来又被布什总统提升至联邦上诉法院，也是联邦主义者协会巡回演讲中最受欢迎的人物——在耶鲁法学院发表了一次演讲，支持把“太平洋煤气与电力公司案”的原则延伸至配给领域。他的攻击目标选择得很好：NEA。作为梅普尔索普争议的结果，NEA成为所有与言论相关的资助项目中最容易受到攻击的一

个。一些自由派人士与保守派一样怀疑 NEA 的合宪
77 性。而假如“太平洋煤气与电力公司案”能被适用于
NEA,并被用来判定那样一个配给项目违宪,那么反对
公共广播公司的类似论点自然也会出现。在这样的情
况下,配给性政府将被置于——作为宪法性法律事
务——如今支配着管制性政府的同一体制之下;新闻自
由也将被化约为商业自由,而我们民主政治的命运便将
78 完全落入市场的掌控之中。

---

[1] 376 U. S. 254(1964).

[2] Anthony Lewis, *Make No law: the Sullivan Case and the First Amendment*(New York: Random House, 1991).

[3] 参见 Owen M. Fiss, “Capitalism and Democracy,” *Michigan Journal of International Law* 13(1992):908-920。

[4] 376 U. S. at 270.

[5] 参见 Ben H. Bagdikian, *The Media Monopoly*(Boston:

Beacon Press, 1990)。

[6] 对于一个类似区别的讨论,参见 J. M. Balkin, "Populism and Progressivism as Constitutional Categories," *Yale Law Journal* 104(1995): 1935-1990。

[7] *Associated Press v. United States*, 326 U. S. 1, 20 (1944).

[8] *United States v. Eichman*, 496 U. S. 310(1990).

[9] Carnegie Commission on Educational Television, *Public Television, A Program for Action: The Report and Recommendations of the Carnegie Commission on Educational Television* (New York: Harper & Row, 1967).

[10] 有关公平法则背景与内容的全面讨论,参见 *Red Lion Broadcasting Co. v. FCC*, 395 U. S. 367, 369-371(1969)。See R. Randall Rainey, "The Public's Interest in Public Affairs Discourse, Democratic Governance, and Fairness in Broadcasting: A Critical Review of the Public Interest Duties of the Electronic Media," *Georgetown Law Review* 82(1993):269-372; Thomas G.

Krattenmaker and Lucas A. Powe, Jr., *Regulating Broadcast Programming*(*Cambridge*: *MIT Press*, 1994).

[11] 395 U.S. 367(1969).

[12] *Syracuse Peace Council v. WTVH*, 2 F.C.C.R. 5043 (1987).

[13] *Syracuse Peace Council v. FCC*, 867 F. 2d 654(D.C. Cir. 1989).

[14] *The Fairness in Broadcasting Act of* 1987, S.742, 100th Cong., 1st Sess. (1987); H.R. 1934, 100th Cong., 1st Sess. (1987).

[15] 里根总统对于广播公平法案的否决,23 Weekly Comp. Pres. Doc. 715(June 19, 1987)。此后国会为制定公平法则进行了多次尝试,但这些努力都因里根总统与布什总统的否决威胁而受阻。

[16] 参见 Jerry Berman and Daniel J. Weitzner, "Abundance and User Control: Renewing the Democratic Heart of the First Amendment in the Age of Interactive Media," *Yale Law Journal*

104(1995):1619-1639, pp. 1621-1629。

[17] 参见 Richard A. Posner, *Economic Analysis of Law* (Boston: Little, Brown, 1992); Milton Friedman, *Capitalism and Freedom*(Chicago: University of Chicago Press, 1982). See generally Edward J. McCaffery, "Slouching toward Equality: Gender Discrimination, Market Efficiency, and Social Change," *Yale Law Journal* 103(1993):595-675。

[18] 412 U.S. 94(1973).

[19] 这一假设取材自生活中的真实事件,Homer Bigart, "War Foes Were Attacked by Construction Workers: City Hall Is Stormed," *New York Times*, May 9, 1970, Al, col. 5; Martin Arnold, "Police Were Told of Plan," *New York Times*, May 9, 1970, Al, col. 6。

[20] 参见 *Burton v. Wilmington Parking Authority*, 365 U.S. 715(1961)。

[21] 418 U.S. 241(1974).

[22] Id. at 256-257.

[23] *Columbia Broadcasting System v. FCC*, 453 U.S. 367 (1981).

[24] 475 U.S. 1(1986).

[25] 同上, 9-17。

[26] 2 F.C.C.R. 5043, 5056-5057(1987). 另见上诉法院的判决,867 F. 2d. 654,664-665(D.C. Cir. 1989)。

[27] *Pruneyard Shopping Center v. Robins*, 447 U.S. 74 (1980).

[28] Mario Cuomo, "The Unfairness Doctrine," *New York Times*, September 20, 1993, A19, col. 1.

[29] 114 S. Ct. 2445(1994).

[30]《有线电视法案》中的一部分内容试图保护商业广播公司,另一部分试图保护公共广播公司。但这个区别在法院的分析中并没有发挥重要作用。对这一失误的批评,参见 Donald W. Hawthorne and Monroe E. Price, "Rewiring the First Amendment: Meaning, Content and Public Broadcasting," *Cardozo Arts and Entertainment Law Journal* 12 (1994):499-520; Donald W.

Hawthorne and Monroe E. Price, "Saving Public Television: The Remand of Turner Broadcasting and the Future of Cable Regulation," *Hastings Communications and Entertainment Law Journal* 17 (1994):65-96。

[31] Turner Broadcasting, at 2471.

[32] 同上, 2471。

[33] 同上, 2456。

[34] 同上, 2457。

[35] 同上, 2468。

[36] 497 U.S. 547(1990).

[37] *University of California Regents v. Bakke*, 438 U.S. 265 (1978).

[38] *Adarand Constructors, Inc. v. Peña*, 115 S. Ct. 2097 (1995).

[39] 497 U.S. at 617.

第四章

未来的挑战

法律从来不会突然发生变化——新法脱胎于旧法。但在某一时刻，所发生的变化是如此巨大又被确立得如此牢固，以至于我们可以宣称一个全新的开始。在过去的25年，一个全新的最高法院已经形成，并拥有了一套崭新的第一修正案理论。

这套新的理论是由许多在当前辩论中尤为引人注目的判决来界定的：在新闻媒体问题上是“《迈阿密先驱报》案”与“太平洋煤气与电力公司案”；在竞选捐款问题上是“巴克利诉瓦莱奥案”；在仇恨言论以及可以说是反对淫秽作品的女性主义运动问题上，则是“R. A. V. 诉圣保罗市案”；而在公共资助有关言论的活动方面

（包括艺术），则是“拉斯特诉沙利文案”。这五个判决代表了一种转变：从第一修正案的民主政治理论转向了更为自由放任的理论。所有这些判决的共同之处，在于对政府的显著敌意，以及拒绝承认政府在推进言论自由方面所能发挥的作用。

在配给情况下，这种视野所产生的概念把有关言论
的资助仅仅视作赠品，这引致一种意愿——在“拉斯特 79
诉沙利文案”中表现得如此明显——几乎可以说是乐意忍受对资助项目所施加的任何限制，即便是那些歪曲公共对话的限制。最高法院拒绝承认这样的可能性，即通过把教育、图书馆、艺术以及其他丰富公共协商讨论的活动从对于市场和私有财团的严重依赖中解脱出来，资助项目可以更好地服务于第一修正案的目标。

在管制领域，这种针对政府的类似的防范态度甚至产生了更为不幸的后果：对于旨在公共竞技领域给予公民更多的平等，以及推进自由、公开辩论的广泛多样的

立法与行政措施,它导致的不仅是一种司法漠视,甚至使得这些措施失去了效力。被推翻的法律包括限制竞选经费的一项国会法令(在“巴克利诉瓦莱奥案”中),管制仇恨言论的市政法规(在“R. A. V. 诉圣保罗市案”中),授权通过报纸以回应人身攻击的一项州法令(在“《迈阿密先驱报》案”中),还有州立公用事业委员会向公民团体授予使用途径的一项法规(在“太平洋煤气与电力公司案”中)。这些判决的效力在最高法院 1994 年“特纳广播公司案”的意见分歧中显露无遗,使得 1992 年《有线电视法案》的有效性仍然悬而未决。它们甚至对 1987 年那次不同寻常的宪法对垒发挥了更大的作用,当时 FCC 拒绝遵循“红狮案”的判决,里根总统宣布国会试图恢复公平法则的努力是违宪的,并对此予以否决。

这套崭新的第一修正案理论反映了其形成时代广为接受的政治哲学。消除管制的要求、平衡预算的说辞、纳税人的抵制、新联邦主义以及私有化，正是美国20世纪70至80年代的特征。正统资本主义和古典自由主义的基本原则大行其道，并从东方世界的形势发展中获得戏剧化却稍有迟滞的确证：1989年的东欧革命与 80
1991年苏联的最终解体。除去卡特当政的四年（1976至1980年）——期间最高法院没有出现职位空缺——共和党人主政白宫长达四分之一个世纪，并在这个时期对最高法院做出了决定性的人事任命。截至1992年乔治·布什落选而比尔·克林顿当选，共和党人已经任命了9位现任大法官中的8位。拜恩·怀特大法官是唯一从沃伦法院时代走出来的大法官。

这些历史的偶然因素无疑导致了最高法院原则方面的许多变化，并产生了有关第一修正案的新视野。但过于强调这些历史进展及其引发的人事变动，或许会在一个重要的方面误导人们：它有可能贬低原则转变的重要性，并产生错误的印象，以为摆脱这套新的第一修正案理论易如反掌——所需要的不过是多来几次人事任命。在我看来,这里有着更加深刻的因素。诚然,伯格法院和伦奎斯特法院的许多关键性判决在大法官中造成严重的分化,因此很容易想象(或许情况确实如此),不同的大法官团体将产生不同的结果。“巴克利诉瓦莱奥案”“拉斯特诉沙利文案”与“R. A. V. 诉圣保罗市案”可能就符合这种描述。但“《迈阿密先驱报》案”与“太平洋煤气与电力公司案”却应另当别论。这两个案例是“特纳广播公司案”判决的重要先例,随后又在最高法院 1995 年波士顿圣帕特里克节游行案件的判决中得到了更多的呼应。在“波士顿案”中,苏特大法官撰写的判决意见书得到了其他所有大法官(包括被克林顿任命的两位大法官)的联署支持。苏特大法官认为,要求允许一个爱尔兰裔美国男女同性恋和双性恋群体参加此次节日游行是违宪的。[1]苏特大法官提出的理由是,这样的要求违背了“《迈阿密先驱报》案”与“太平洋煤气

与电力公司案”的原则，即给予发言者“选择他自己的 81
发言信息内容的自主权”。[2]

“《迈阿密先驱报》案”事实上是一致同意的判决，“太平洋煤气与电力公司案”虽然分化了最高法院，但马歇尔大法官和布伦南大法官——沃伦法院那套第一修正案理论的主要缔造者——都加入了多数派。“《迈阿密先驱报》案”与“太平洋煤气与电力公司案”的判决中各自都有一个同意意见，前者由布伦南大法官提出，后者由马歇尔大法官提出，这无疑是他们内心不安的迹象，但最终他们还是投票加入了多数派。或许是这两位法学巨匠的一时失误，或许他们自己被时代精神所俘获；但同样可能的是，他们在“《迈阿密先驱报》案”与“太平洋煤气与电力公司案”的自由放任主义复兴中看到了一个真理，并且无法使自己摆脱这样的真理。

人们很容易理解类似“《迈阿密先驱报》案”判决所具有的那种感染力。尽管该判决抑制了政府拓展公共讨论的权力，但却非常契合新闻媒体在这个国家长期享有自主性的传统。“太平洋煤气与电力公司案”的论点看上去似乎更像是人为的巧设，只是把一个失败的财产权利要求聪明地变形为言论问题，但这样的解读忽略了该判决在第一修正案传统中的根基。在推翻这个加利福尼亚州法规的过程中，鲍威尔大法官诉诸美国宪法性法律中最令人尊崇的先例之一——1943 年“西弗吉尼亚州教育委员会诉巴内特案”（*West Virginia v. Barnette*）的判决。[3] 在这个英雄史诗般的判决中，最高法院抵制了席卷全国的爱国狂潮，选择保护耶和华见证人会的学童们为守护自己的宗教教义而拒绝向国旗敬礼的权利。

我理解“巴内特案”对最高法院，尤其是对马歇尔大法官和布伦南大法官的这种吸引力，但在我看来，一个至关重要的差别被遗忘了。在“巴内特案”中，国家
82 权力是被用来固化一种正统观念或强加一种教条，因此理应受到抑制。相比之下，在“太平洋煤气与电力公司

案”“《迈阿密先驱报》案”以及其他彰显第一修正案自由放任主义主张的案例中,政府另有所虑。通过管制,政府试图提高公共辩论的强健性,而不是为了强加一种正统观念,并且政府似乎也选择了适于完成目标的手段。在这样的情况下,理念如此高尚的“巴内特案”裁决却似乎完全被放错了地方。第一修正案所保护的以及由个人和新闻媒体正当享有的自治权,其本身并不是目标,虽然在一些道德准则中有可能是;这种自治权是一种手段,用以促进那些奠定了《权利法案》基础的民主政治价值。

因此,我们所需要的,并不是多来几次人事任命(尽管这会有所帮助),而是一种完善的分寸感。我们必须学会接受这样一个充满反讽与矛盾的真理:政府既可能是言论的敌人,也可能是其朋友;政府能够做出破坏民主政治的可怕举动,但也会寻求增强民主政治的美好图景。我担心,这是一个复杂的真理,其复杂性要远甚于

我们目前所允许自己去承认的程度，但我希望这依旧没
83 有超出我们的能力范围。

---

［1］*Hurley v. Irish-American Gay, Lesbian and Bisexual Group of Boston*, 115 S. Ct. 2338(1995).

［2］同上，2340。

［3］319 U. S. 624(1943).

致　谢

本书的最初发表,受惠于 1994 年春季普林斯顿大学"克里斯蒂安 · 高斯批判研讨会"(Christian Gauss Seminar in Criticism)的赞助,首次听取这些讲座的许多人都发表了评论与反馈意见,本书从中受益良多。我特别感谢 Harry G. Frankfurt, Amy Gutmann, Gilbert H. Harmon, Jennifer Hochschild, George Kateb, Andrew Koppleman 以及 Alexander Nehamas。对于"高斯批判研讨会"时任主席 Victor H. Brombert 在普林斯顿的那些日子里所给予我的温暖与盛情款待,我尤为心怀感激。作为由"詹姆斯 · 麦迪逊宪法性法律讲座"赞助的系列讲座的一部分,本书的部分内容曾在 1994 年 2 月德雷克大学

(Drake University)发表过。Stanley Ingber 是我在德雷克大学的接待人兼点评者。我要向他以及德雷克大学教授们的贡献致意。我也要感谢我的秘书 Lorraine E. Nagle,以及耶鲁大学的许多同事和朋友,尤其是那些参与这个研究项目并给予我无数支持的人,他们是 Bruce Ackerman, Jack M. Balkin, Nancy Brooks, Richard R. Buery, Patricia L. Cheng, Sunny Y. Chu, Gadi Dechter, Zecharias Hailu, Paul W. Kahn, Christopher L. Kutz, Noah B. Novogrodsky, Andrew L. Shapiro, Olivier Sultan, 以及 Nicholas R. Turner。学术研究并不那么孤独,由此而生出许多的乐趣。

索 引

（条目后的页码指原书页码，见本书边码）

著作权合同登记号　图字:01－2014－3766
图书在版编目(CIP)数据

谁在守望言论/(美)费斯(Fiss, O. M.)著;常云云译.—北京:北京大学出版社,2015.1
ISBN 978－7－301－25265－9

Ⅰ. ①谁…　Ⅱ. ①费… ②常…　Ⅲ. ①舆论—研究　Ⅳ. ①C912.63

中国版本图书馆CIP数据核字(2014)第300973号

THE IRONY OF FREE SPEECH
by Owen M. Fiss
Copyright © 1996 by the President and Fellows of Harvard College
Published by arrangement with Harvard University Press
through Bardon-Chinese Media Agency
Simplified Chinese translation copyright © 2015
by Peking University Press
ALL RIGHTS RESERVED

书　名	谁在守望言论
著作责任者	〔美〕欧文·M. 费斯　著　常云云　译
责任编辑	柯　恒　白　茹
标准书号	ISBN 978－7－301－25265－9/D·3743
出版发行	北京大学出版社
地　址	北京市海淀区成府路205号　100871
网　址	http://www.pup.cn　http://www.yandayuanzhao.com
电子信箱	yandayuanzhao@163.com
新浪微博	@北京大学出版社　@北大出版社燕大元照法律图书
电　话	邮购部62752015　发行部62750672　编辑部62117788
印刷者	北京中科印刷有限公司
经销者	新华书店
	880毫米×1230毫米　A5　5.625印张　66千字
	2015年1月第1版　2015年3月第2次印刷
定　价	28.00元

未经许可，不得以任何方式复制或抄袭本书之部分或全部内容。
版权所有，侵权必究
举报电话：010－62752024　电子信箱：fd@pup.pku.edu.cn
图书如有印装质量问题，请与出版部联系，电话：010－62756370